城市轨道交通车辆课程设计

主　编　李广军　张兰春
副主编　冀雯宇　倪志江　刘永星　王汝佳

北京理工大学出版社
BEIJING INSTITUTE OF TECHNOLOGY PRESS

内 容 简 介

本书在介绍城市轨道交通车辆基本结构和工作原理的基础上，重点引出典型的车辆零部件设计方法及其步骤，同时详细地介绍了轨道车辆构架、电源箱及地铁车辆双人座椅等零部件的设计方法，课后辅以相关的课程设计习题供学生加以练习。本书先修课程为城市轨道交通车辆构造、城市轨道交通车辆制动技术、城市轨道交通车辆理论，后续课程为生产实习、毕业设计等。本书主要适用于本科院校城市轨道交通相关专业，是一本实用性很强的专业课教材。

图书在版编目(CIP)数据

城市轨道交通车辆课程设计/李广军，张兰春主编
. --北京：北京理工大学出版社，2022.11
ISBN 978-7-5763-1837-1

Ⅰ. ①城… Ⅱ. ①李… ②张… Ⅲ. ①城市铁路-铁路车辆-高等学校-教材 Ⅳ. ①U239.5

中国版本图书馆 CIP 数据核字(2022)第 209118 号

出版发行／北京理工大学出版社有限责任公司
社　　　址／北京市海淀区中关村南大街 5 号
邮　　　编／100081
电　　　话／(010)68914775(总编室)
　　　　　　(010)82562903(教材售后服务热线)
　　　　　　(010)68944723(其他图书服务热线)
网　　　址／http：//www.bitpress.com.cn
经　　　销／全国各地新华书店
印　　　刷／三河市天利华印刷装订有限公司
开　　　本／787 毫米×1092 毫米　1/16
印　　　张／11
字　　　数／253 千字
版　　　次／2022 年 11 月第 1 版　2022 年 11 月第 1 次印刷
定　　　价／68.00 元

责任编辑／李　薇
文案编辑／李　硕
责任校对／刘亚男
责任印制／李志强

前　言

随着城市轨道交通的快速发展，很多高校都开办了城市轨道交通相关专业，以培养急需的人才。目前城市轨道交通车辆工程方面的教材已出版很多，但大多以理论为主，而与城市轨道车辆零部件设计相关的本科应用型教材还未见到。本书在介绍城市轨道交通车辆基本结构和工作原理的基础上，重点引出典型的车辆零部件设计方法及其步骤。同时详细地介绍了轨道车辆构架、电源箱以及地铁车辆双人座椅等零部件的设计方法，课后辅以相关的课程设计习题供学生加以练习。本书先修课程为城市轨道交通车辆构造、城市轨道交通车辆制动技术、城市轨道交通车辆理论，后续课程为生产实习、毕业设计等。

通过对本书的学习，学生应掌握城市轨道交通车辆零部件设计与开发的能力，具体要求是：

(1)掌握城市轨道交通车辆的基本组成和工作原理。

(2)掌握城市轨道交通车辆零部件的设计步骤和方法；熟练掌握 CATIA 软件操作方法，从而能够对地铁零部件进行三维建模，并利用有限元方法对其进行分析。

(3)掌握人机工程学在城市轨道交通车辆零部件设计中的应用。

本书由李广军和张兰春任主编，冀雯宇、倪志江、刘永星和王汝佳任副主编。具体编写分工如下：李广军编写第 1 章和第 5 章，张兰春编写第 7 章，冀雯宇编写第 3 章和第 4 章，倪志江编写第 2 章，李广军、刘永星和王汝佳联合编写第 6 章。李广军和张兰春负责全书的组织、统稿和改稿。

本书在编写过程中得到了江苏理工学院汽车与交通工程学院、常州大学机械与轨道交通学院、无锡学院轨道交通学院诸多同仁的大力支持与帮助，在此表示衷心的感谢。

由于编者水平有限，加之时间仓促，书中难免有疏漏之处，恳请读者批评指正。

编　者
2022 年 7 月

目 录

第1章
城市轨道交通车辆概述

近年来，随着我国城市化进程的不断加快，作为城市公共交通重要组成部分的轨道交通系统正逐渐走进人们的生活。根据中国城市轨道交通协会数据，截至 2021 年年底，中国内地共有 50 个城市累计开通城市轨道交通运营线路 283 条，运营线路总长度 9 206.8 km。其中，地铁运营线路 7 209.7 km，占比 78.3%；其他制式城轨交通运营线路 1 997.1 km，占比 21.7%。

在城市轨道交通系统中，车辆是各专业技术成果的综合载体，也是城市轨道交通系统中最关键的机电设备，其选型和技术参数不仅是界定线路技术标准的基础，也是确定系统运营管理模式和维修方式的基本条件，还是系统设备选型和确定设备规模的重要依据。本章将介绍城市轨道交通车辆（简称城轨车辆）的发展历程，包括世界城轨车辆的发展史与我国城轨车辆的现状，并阐述按照不同标准划分的车辆、编组、标识、组成、特点、主要技术参数，以及车辆限界等概念。

1.1　城市轨道交通发展概况

1.1.1　国际城市轨道交通车辆发展史

随着经济发展和城市现代化进程的加快，世界各国都面临同样的问题：城市人口迅猛增长、地域不断扩大，原有的地面交通无法满足市民日益增长的出行需求，而轨道交通成为这一矛盾的有效解决手段。

1825 年，英国开通第一条铁路，立刻获得了世界列强的青睐。1840 年—1913 年是世界铁路发展的黄金时代，由于铁路机车制造已相当完善，轨道结构也不断改进定型，各国修建铁路的热情日益高涨，铁路发展速度明显加快。1840 年，世界铁路营业里程为 8 000 km，到 1913 年已达 110 万 km。图 1-1 所示为我国采用电力机车牵引的铁路列车车头。

1863 年，世界上第一条城市地下铁路诞生于英国伦敦，最初地铁以蒸汽机车作为动力装置，但很快被内燃机车取代。1890 年，世界上出现了电动机车后，地铁才正式步入了它的黄金时代。最初地铁车辆的车厢是木制的，后来改为钢制的，以减少发生火灾造成的危害。1953 年开通的加拿大多伦多的地下铁路，车厢开始改良为铝制，有效地减少了车厢的质量和维修成本。

图 1-1　我国采用电力机车牵引的铁路列车车头

　　在国外，城轨车辆产业已有一百多年的发展历史。目前，国际上的城市轨道交通装备整车供应商主要分布在欧洲、北美洲和日本，它们分别采用不同的设计和制造标准。

　　欧洲和北美洲轨道交通装备整车供应商主要有 3 家：德国西门子公司、法国阿尔斯通公司（其生产的列车见图 1-2）和加拿大庞巴迪公司，占据世界轨道交通装备整车市场份额的 90% 以上。近年来，日本日立公司也开始陆续进入轨道交通装备整车供应商行列。

图 1-2　阿尔斯通公司生产的列车

国际上的城市轨道交通装备零部件供应商主要有法国的法维莱公司（生产屏蔽门、列车空调和制动系统)、德国的克诺尔公司(生产制动系统)和德国的康尼泰克公司(生产空气弹簧)。

根据所采用电气牵引系统的不同,国际上将城轨车辆的发展划分为 3 个阶段:20 世纪50 年代以前,采用直流调速牵引系统的凸轮调阻车;20 世纪 50—70 年代,采用直流调速牵引系统的斩波调压车;20 世纪 70 年代至今,采用交流调速牵引系统的调频调压车。

1.1.2　我国城市轨道交通车辆发展史

我国的城轨车辆产业是伴随着城市轨道交通的建设而逐渐发展起来的,目前在制造工艺上较国际水平尚有一定的差距。我国的城轨车辆目前大部分以地铁和轻轨为主,从最早期的北京地铁发展至今,大致经历了这样几个阶段:北京 DK 型地铁车辆的时代、外资独资的时代、中外合资和自主开发并存的时代。

1. 北京 DK 型地铁车辆的时代

我国现代城市轨道交通以 20 世纪 60 年代北京地下铁道建设为开端。1967 年,由原铁道部长春客车厂试制完成了 1 列 2 辆编组的 DK1 型凸轮变阻调速北京地下铁道电动客车。1969 年,长春客车厂在 DK1 型的基础上进行改进,批量生产了 DK2 型北京地下铁道电动客车,同年 10 月 1 日北京站至苹果园站完成了试运营并通车。DK 是长春客车厂生产的客车代号,从 DK1 出厂到 2007 年为北京环线地铁生产的 DKZ16 下线,经历了 40 年的风雨。

2. 外资独资的时代

因为早期我国城轨车辆产业整体水平不发达,所以上海等城市在地铁筹建初期整体引进国外技术,如上海地铁 1 号线 DC01 车辆,采用西门子公司技术。1989 年 5 月,中德双方正式签署了 4.6 亿马克的地铁专项贷款协议书,1990 年 3 月 7 日国务院正式同意,上海地下铁道工程(新龙华站至上海新客站,即今锦江乐园站至上海火车站站)开工兴建。经过地铁工程建设者的不懈努力,1993 年 5 月 28 日,上海地铁第一条线路——1 号线南段(徐家汇站—锦江乐园站)建成通车。1995 年 4 月 10 日,上海轨道交通 1 号线全线(上海火车站站—锦江乐园站)建成通车。这个时期核心技术都是从国外引进,知识产权完全掌握在国外公司手中,给我国城轨车辆产业的发展造成了极大障碍。同时,受车型等客观因素限制,车辆在维修时能够选择的零件种类有限,导致维修费用也十分昂贵。

3. 中外合资和自主开发并存的时代

随着对城轨车辆的不断探索,我国工程师的理解逐步加深。为了克服知识产权等一系列对城轨车辆产业的障碍,我国正在努力自主开发并研制国产车辆。我国城市轨道交通装备制造企业目前主要集中在原南车和北车两大集团公司(现已合并为中车集团公司),车辆制造主要包括中外合资和自主开发两种形式。

1)中外合资

城市轨道交通装备中外合作制造的主要方式为国外轨道交通装备企业提供若干核心技术(如牵引控制单元、制动单元、辅助控制单元、空气弹簧二系悬挂等关键核心部件),国内企业进行相关车体、转向架等研发并系统集成。

目前和国外轨道交通装备企业进行合资生产城轨车辆的企业有长春轨道客车股份有限公司,隶属于原北车集团,与庞巴迪公司合作,提供了天津地铁 1 号线,西安地铁,广州地铁 2、3 号线,上海地铁 9 号线部分车辆等;南京浦镇车辆有限公司,隶属于原南车集团，与阿尔斯通公司合作，提供了上海地铁3号线车辆（见图1-3）、11号线的A型车辆及南京地铁1号线车辆等。

图1-3　上海地铁3号线车辆

2）自主开发

中车株洲电力机车有限公司是前中国南车股份有限公司（南车集团）旗下龙头企业，地处南方工业重镇和交通枢纽湖南省株洲市，公司前身为株洲电力机车厂，始建于1936年，是中国轨道电力牵引装备主要研制生产基地和城轨交通设备国产化定点企业，享有"中国电力机车之都"的美誉，也是国内唯一的电力机车整车出口企业。近年来，在国内市场上，该公司负责了上海地铁1号线的直改交、上海地铁11号线、深圳地铁1号线（续建，该线车辆见图1-4）等项目。在国际市场上，该公司也正进行向土耳其地铁、马来西亚动车和印度地铁整车出口的生产项目。

图1-4　深圳地铁1号线国产车辆

中车青岛四方机车车辆股份有限公司位于中国重要的经济中心城市和沿海开放城市——山东省青岛市，始建于1900年，前身是青岛四方机车车辆工厂，是中国中车股份有限公司下属的全资一级子公司，近年来为北京地铁八通线、沈阳地铁、成都地铁1号线（该线车辆见图1-5），以及广州地铁1、5、6号线提供了车辆。

图 1-5　成都地铁 1 号线车辆

我国现有城轨车辆基本上由上述国内外供应厂商提供，其中以上海地铁的车型为最多（二十余种），几乎覆盖了上述提及的所有供应商。国内建设地铁的城市为响应国家轨道交通装备国产化率达到 70% 以上的中长期发展目标和出于节约资金、售后服务方便等考虑，目前轨道交通装备采购基本上倾向于中外合资及拥有自主开发能力的装备制造企业。

1.2　城市轨道交通车辆基础知识

1.2.1　城市轨道交通车辆类型

城轨车辆的供应商较多，导致我国各个拥有地铁的城市的车辆规格各异。同时，城轨车辆形式的划分没有一个十分严格的标准，本书的划分方法主要依据建标 104—2008《城市轨道交通工程项目建设标准》及 GB/T 7928—2003《地铁车辆通用技术条件》。

（1）根据城市轨道交通的形式进行划分。

根据城市轨道交通的形式，目前车辆大致可以划分为地铁车辆、轻轨车辆、独轨车辆等，分别如图 1-6 ~ 图 1-9 所示。各种城轨车辆的主要技术指标和特征如表 1-1 所示。

表 1-1　各种城轨车辆的主要技术指标和特征

项目	运能类型				
	Ⅰ级	Ⅱ级	Ⅲ级	Ⅳ级	Ⅴ级
系统类型	高运量地铁	大运量地铁	中运量轻轨、独轨	次中运量轻轨、独轨	低运量轻轨
适用车辆类型	A 型车	B 型车和 Lb 型车	C - Ⅰ、C - Ⅲ 型车和 Lb 型车	C - Ⅱ 型车	现代有轨电车
最大客运量/单向小时人次	4.5 万 ~ 7.5 万	3.0 万 ~ 5.5 万	1.0 万 ~ 3.0 万	0.8 万 ~ 2.5 万	0.6 万 ~ 1.0 万

项目	运能类型				
	Ⅰ级	Ⅱ级	Ⅲ级	Ⅳ级	Ⅴ级
线路形态	隧道为主	隧道为主	地面或高架	地面为主	地面
路用情况	专用	专用	专用	隔离或少量混用	混用为主
站台高低	高	高	高	低（高）	低
车辆宽度/m	3.0	2.8	2.6（C型车） 2.8（Lb型车）	2.6	2.6
车辆定员/人 （站6人/m²）	310	240	217	220	104~202
最大轴重/t	16	14	11（C型车） 13（Lb型车）	10	9
最大运行速度/ （km·h⁻¹）	80~100	80~100	80（C型车） 90（Lb型车）	70	45~60
平均运行速度 /（km·h⁻¹）	34~40	32~40	30~40	25~35	15~25
轨距/mm	1 435	1 435	1 435	1 435	1 435
额定电压/V	DC 1 500	DC 750	DC 1 500/DC 750	DC 750（600）	DC 750（600）
受电方式	架空线	第三轨	架空线/第三轨	架空线	架空线

注：1. 广州3号线A型车设计最高时速为120 km/h，上海11号线北段车辆设计最高时速为108 km/h。

2. 广州地铁4、5号线直线电机车辆采用DC 1 500 V第三轨供电方式。

3. A、B、C型车为旋转电机车辆系列，Lb型车为直线电机车辆系列。

图1-6　地铁车辆

图 1-7 轻轨车辆

图 1-8 独轨车辆（跨座式）

图 1-9 独轨车辆（悬挂式）

（2）根据车体宽度进行划分。

城轨车辆的长度可以通过编组数量来变化，不同车型车辆的高度也基本接近（一般依据人体的站立高度来设计），因此这不是划分不同车型的参考标准。只有车辆的宽度最具有参考性，不同的宽度满足不同的运能需要，而且宽度一旦成型就无法再改变，因此车辆宽度才是区分不同车型的唯一标准，如表 1-1 所示。根据车辆宽度，城轨车辆一般可分为 3 种类型，即 A 型车、B 型车、C 型车。

（3）按车钩形式分类。

车钩一般也有 3 种形式，即全自动车钩、半自动车钩和半永久车钩。

全自动车钩：电气部分和机械部分的连接及分离都为自动的，其表示符号为"—"。半自动车钩：机械部分的连接及分离都为自动的，而电气部分的连接及分离都为人工的，其表示符号为"="。半永久车钩：电气部分和机械部分的连接及分离都为人工的，其表示符号为"※"。

（4）按车辆的牵引控制系统分类，分为直流或交流变压、变频车辆等。

（5）按车体材料分类，分为不锈钢车辆、铝合金车辆和碳素钢车辆等。

（6）按受电方式分类，分为受电弓车辆、第三轨受流器车辆及受电弓加受流器车辆等。

（7）按电压等级分类，分为 DC 1 500 V 和 DC 750 V 两种类型。

1.2.2　城市轨道交通车辆编组方法及标识

由于城轨车辆是运载乘客的工具，应满足乘客对乘车舒适、准时的要求，因此要在综合考虑各项因素后对车辆整体进行科学的编组。标识是指对车辆及其设备进行标记或编号，为了车辆运用和检修等情况下管理和识别的方便，必须对车辆进行标识。但是，由于城轨车辆仅运行在各城市相对固定的线路上，目前我国没有统一的车辆标识规定，因此用户和制造商一般都参照国外成熟的做法，车辆的标识方法也比较类似。

1. 编组方法

按照预期的目的，将各独立的车辆连接起来，使其成为一个运行体，就称为车辆编组。车辆编组一般应考虑线路坡度、运营密度、站间距离、舒适度、安全可靠性、工程投资、客流大小等因素。例如，必须满足单向高峰小时断面客流量的需要；兼顾信号系统设备所能达到的行车密度（或行车间隔），即系统设计能力；既满足高峰时的客流要求，又能提高平时的车辆满载率，实现节能和降低运营成本；考虑编组对初、近、远期客流变化的适应能力；结合运行交路的设计，选择车辆编组，实现经济、合理、高效。

为了编组运营的需要，一般城市轨道交通车辆分为动车、拖车等多种形式。有电动机和传动装置的车辆称为动车，而没有电动机和传动装置的车辆称为拖车。动车又分为无司机室（用 M 表示）、有司机室（用 Mc 表示）及有受电弓（Mp）几种情况；拖车又可分为无司机室（用 T 表示）和有司机室（用 Tc 表示）两种情况。地铁车辆编组，都采用动、拖车混编的方式，一般采用"四动加两拖"或"六动加两拖"的连接形式。例如，6节编组：Tc-Mp-M-M-Mp-Tc；8 节编组：Tc-Mp-M-Mp-M-M-Mp-Tc 或者 Tc-Mp-M-Mp-M-Mp-M-Tc。

2. 编号

由于世界城市轨道交通车辆编号的方法各不相同，这里只介绍上海申通地铁集团有限公司制定的车辆编号方法（并不具有代表性和通用性）。图1-10所示为上海地铁11号线6节编组列车的编号方法。图中所示列车编号方式为"线路号+序列号+车厢标识"，即"11"代表上海地铁11号线，"003"是序列号，"1"代表 Tc 车。另外1、2、3号线的早期车辆上则采用"出厂年份+序列号+车辆标识"的编号方式。除此之外，转向架和轴也有相应的编号。

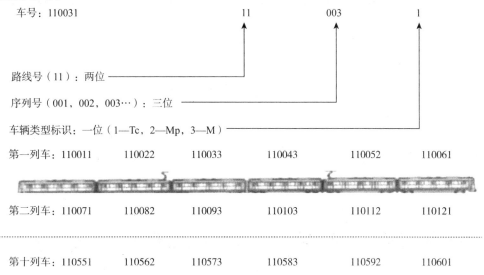

图1-10　上海地铁11号线6节编组列车的编号方法

3. 标识

车辆标识定义采用DIN2500的德国工业标准，下面以上海地铁某线路车辆为例进行介绍。

1）车辆车端的定义

车端：每节车厢都有2个车端，分别定义为1位端和2位端。每节车厢的1位端按如下定义：乘客站在任何一节车厢内，面朝本单元列车的司机室方向，则该乘客的前方车端为该车厢的1位端，而另一端就是2位端，如图1-11所示。

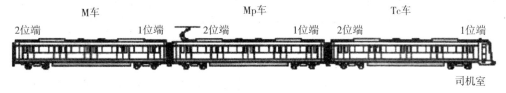

图1-11　车辆车端的定义

2）车辆、列车车侧的定义

车辆车侧：人立于车辆的2位端，面向1位端，则人的右侧就称为该车辆的右侧，人的左侧也称为该车辆的左侧，如图1-12所示。

列车车侧的定义：与车辆车侧的定义不同，列车车侧的定义是以驾驶员坐在列车的驾驶端座位上驾驶列车的方位来定义的，此时驾驶员的右侧即为列车的右侧，驾驶员的左侧即为列车的左侧。换句话说，是按列车的行驶的方向来定义的，这与公路上汽车按行驶方向定义左右侧是相同的，如图1-12所示。

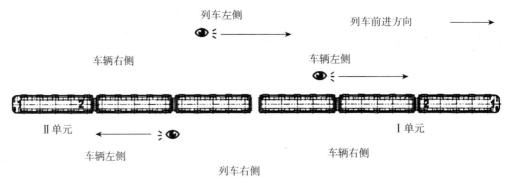

图 1-12　车辆、列车车侧的定义

3）转向架和轴的编号

每辆车的转向架都分为转向架 1 和转向架 2。转向架 1 在车辆的 1 位端，转向架 2 在车辆的 2 位端。每辆车的 4 根轴从 1 位端开始至 2 位端，依次连续编号轴 1 至轴 4，如图 1-13 所示。

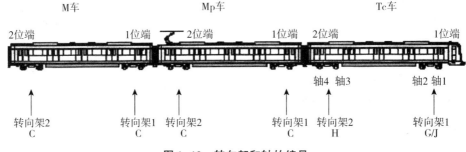

图 1-13　转向架和轴的编号

4）门页和车门的编号

门页的编号：自 1 位端到 2 位端，沿着每辆车的左侧为由小到大的连续奇数，即 1、3、5、7、9、11、…、17、19；右侧为由小到大的连续偶数，即 2、4、6、8、10、12、…、18、20。车门的编号则由该车门页的号码合并：自 1 位端到 2 位端，左侧车门的编号为 1/3、5/7、9/11、…、17/19，而右侧车门的编号为 2/4、6/8、10/12、…、18/20。

5）座椅的编号

由于生产厂家采用不同的技术以及设计方式，且此前没有明确的标准，因此城轨车辆的座椅分布及编号都不尽相同。例如，上海轨道交通 9 号线采用庞巴迪公司生产的车辆，每节车有 8×6 个座椅纵向排列在车辆内部的两侧，每 6 个座椅采用一个编号来进行车辆装配及维修。自 1 位端到 2 位端，这些座椅的编号是按照左侧奇数、右侧偶数的形式由 1 号到 8 号进行排列的。

6）空调单元编号

每辆车的车顶安装有两个空调单元。位于 1 位端的空调单元称作空调单元 I，位于 2 位端的空调单元称作空调单元 Ⅱ。

7）其他编号与标记

车窗、扶手、立柱、吊环、照明灯、指示灯、扬声器等设备也采用同样的编号方法。而车辆的质量、顶车位置、应急设备位置等必须用相关符号或文字在规定位置做出明确的标记。

1.2.3　城市轨道交通车辆特点及组成

1. 城市轨道车辆特点

城轨车辆是技术含量较高的机电设备，也是城市轨道交通工程中最关键的设备。其技术参数不仅是界定线路技术标准的基础，同时也是确定系统运营管理模式和维修方式的基本条件，还是系统设备选型和确定设备规模的重要依据。各城市的城轨车辆结构和性能不尽相同，但是它们都尽可能地结合城市各自的特点，以满足城市交通容量大、安全、快速、舒适、美观、节能和环保的要求，并具有先进性、可靠性和实用性。

2. 城市轨道车辆组成

城轨车辆基本由车体、车门、车辆连接装置、车辆走行装置、制动系统、牵引系统、辅助设备（包括辅助电源、通风和空调设备、照明设备）和列车控制系统等组成。

1.2.4　城市轨道交通车辆技术参数

车辆技术参数是概括地介绍城轨车辆技术规格的某些指标，是从总体上表征车辆性能及结构的一些参数，一般可分为性能参数与主要尺寸两大类。

1. 性能参数

1）自重、载重

车辆自重是指车辆本身的全部质量，车辆载重是指车辆允许的正常最大装载质量，二者均以 t（吨）为单位。

2）构造速度

构造速度是指车辆基于安全及结构强度的考虑，设计时所允许的车辆最高行驶速度。车辆的实际运行速度一般不允许超过构造速度。

3）轴重

轴重是每根车轴允许负担的最大总质量，它包括轮对自身的质量，以 t（吨）为单位。

4）最小曲线半径

最小曲线半径是指车辆在站场或厂、段内调车时所能安全通过的最小曲线半径。当车辆在此曲线区段上行驶时不得出现脱轨、倾覆等危及行车安全的事故，也不允许转向架与车体底架或车下其他悬挂物相碰。车辆通过曲线最小半径的大小与车辆的运行速度有关。

5）速度

速度参数包括最大起动速度、平均起动加速度和最大制动减速度。

6）牵引纵向冲击率

牵引纵向冲击率是由于工况改变引起的列车中各车辆所受到的纵向冲击。在城轨车辆中，主要用于说明车辆本身电气及制动控制系统所应达到的冲动限制，用加速度变化率来衡量。

7）列车平稳性指标

车辆平稳性是评定旅客舒适程度的主要依据，反映了车辆振动对人体感受的影响，因此评定列车平稳性的方法主要以人的感觉疲劳程度为依据，通常以平稳性指标表示。

8）座椅数及每平方米地板面积站立人数

座椅数及每平方米地板面积站立人数与列车大小尺寸相关，也与设计的服务水平相关。

9）每延米轨道载重

每延米轨道载重是车辆设计中与桥梁、线路强度密切相关的一个指标，同时又是车辆能否充分利用站线长度，提高运输能力的一个指标，其数值是车辆总质量与车辆全长之比。该参数按设计任务书规定。

2. 主要尺寸

1）车体的长、宽和高

车体的长、宽和高又有车体外部和内部的区别。车体内部的长、宽和高必须满足乘客舒适乘坐的要求，而车体外部的长、宽和高应符合车辆限界的要求。车体外部（内部）长度是指车体两端墙板外（内）表面间的水平距离；车体外部（内部）宽度是指车体两侧墙板外（内）表面的水平距离；车体外部（内部）高度是指由地板下（上）平面至车顶中央部位外（内）表面间的垂直距离。

2）车辆的长、宽和高

车辆的长度是指车辆处于自由状态，车钩呈锁闭状态时，两端车钩连接面之间的距离；车辆的宽度是指车辆两侧的最外突出部之间的水平距离；车辆的高度是指空车时，车体上外表面至轨面的垂直距离。

3）车辆最大宽度

车辆最大宽度是指车体横断面上最宽部分的尺寸。

4）车辆最大高度

车辆最大高度指车辆顶部最高点与钢轨顶面之间的距离。通常需说明与最高点相关的结构，如有无空调、受电弓的状态等。

5）车辆定距

车辆定距（又称转向架中心距）是指同一车辆的两转向架回转中心之间的距离。

6）固定轴距

固定轴距是指同一转向架的两车轴中心线之间的距离，图 1-14 所示为车辆主要尺寸的关系。

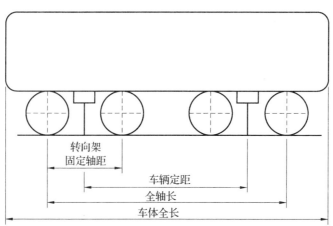

图 1-14 车辆主要尺寸的关系

7）车钩高

车钩高是指车钩连接面中点至轨面的高度，取新造或修竣后空车的数值。列车中各车辆的车钩高基本一致，是保证车辆正确连挂、列车运行中正常传递牵引力和不发生脱钩事故的必备因素。不同车型的车钩高有所差异。

8）地板面高度

地板面高度是指车辆地板面与钢轨顶面之间的距离。地板面高度与车钩高一样，取新造或修竣后空车的数值。它受到两方面的制约，一是车辆本身某些结构高度的限制，如车钩高及转向架下心盘面的高度；二是站台高度标准的限制，规定车辆地板面应与站台高度相协调。不同车型的地板面高度有所差异。

1.2.5 城市轨道交通车辆限界

车辆限界是指一个限制车辆横断面最大允许尺寸的轮廓图形，无论空车还是重车停在水平直线时，该车所有一切突出部分和悬挂部分，都应容纳在车辆限界之内；而规定该限界的目的在于防止车辆在直线和曲线运行时，与各种建筑物及设备发生接触。本书重点介绍地铁限界和轻轨限界。

基准坐标系是与轨道线路的纵向中心线垂直的平面内的二维直角坐标，该坐标的第一坐标轴与两钢轨在名义位置且无磨耗时的顶面相切，第二坐标轴垂直于前者，并与左右两钢轨的名义位置等距离。图 1-15 为地铁限界示意图，从基准坐标系的原点开始，地铁限界由内而外主要包括车辆限界、设备限界、建筑限界以及间隙 1 和间隙 2 等部分。建筑限界规定了地下隧道及其他建筑物的形状、位置，任何永久性建筑物均不得向内侵入此界限；设备限界是地下隧道建筑物及地面固定设备的任一部分，即使将它们的刚性和柔性运动考虑在内，也不得向内侵入此界限。每种限界和间隙均在城市轨道交通系统中起着重要的作用。

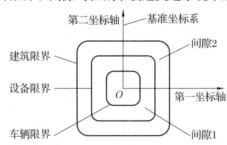

图 1-15 地铁限界示意图

地铁车辆限界是基准坐标系中的一个轮廓线，是车辆在正常运行状态下形成的最大动态包络线。在具有最不利公差及摩擦时（包括两次维修期间所发生的尺寸偏差），车辆在运动中处于最不利位置，涉及由各要素引起的车辆各部位的统计最大偏移均应容纳在轮廓内。地铁设备限界是基准坐标系中位于地铁车辆限界外的一个轮廓线，是用以限制设备安装的控制线。除另有规定外，建筑物及地面固定设备的任一部分，即使涉及它们的刚性和柔性运动，均不得向内侵入此限界。接触轨限界属于地铁设备限界的辅助限界。地铁建筑限界是基准坐标系中最外侧的一个轮廓线，是在地铁设备限界基础上，考虑了设备和管线安装尺寸之后的最小有效断面。它规定了地下铁道隧道的形状、尺寸、位置，地下车站及站台位置及地面建筑物（包括接触网支柱、声屏障和站台屏障门等）的位置，涉及施工误差、测量误差及结构永久变形在内，任何永久性建筑物均不得向内侵入此限界。图 1-15 中的间隙 1 主要作为未计及因素的安全留量，按照界限制定时的某些规定偏移量也计入此间隙。间隙 2 应能安排各种固定设备如电缆线、消防水管等。

以前车辆限界计算采用国际联盟颁布的 UIC 505 国际标准。该标准是用于跨国界铁路运输的国际标准，其车辆限界计算是基于车辆基准轮廓线。在此基础上计算出动态包络线，再推算出设备限界。该标准中车辆限界计算考虑的因素较少，不能完全满足城市轨道交通发展要求。因而德国于 1997 年颁布了适用于城市轨道交通的 Bostrab 国家标准。该标准中车辆限界直接由车辆制造轮廓线计算得出，考虑了从轨枕到车辆顶部可能的全部偏移，在线路和车辆得到正常维修保养的前提下，无需考虑安全距离。德国 Bostrab 标准计算方法比 UIC 505 国际标准更适合城市轨道交通，更能适用于城轨车辆限界的确定。基于以上两种标准，确定了适合我国轨道交通建设和车辆实际运营情况的限界计算方法。

1. 车辆限界计算原则

（1）限界是确定行车轨道周围构筑物净空的大小，以及管线和设备安装相互位置的依据，是行业间共同遵守的技术规定，应经济、合理、安全可靠。

（2）限界应依据车辆的轮廓尺寸、技术参数、轨道特性、受电方式、施工方法和设备安装等综合因素分析计算确定。

（3）车辆限界的计算是以平直线上混凝土整体道床和碎石道床的线路为基本条件，根据隧道内及地面运行环境不同，分为隧道内和高架线（含地面线）车辆限界两种基本类型。

（4）曲线地段不同于上述两种情况，增加的附加因素是在设备限界内考虑加宽与加高。

（5）车辆限界的计算要素（偏移量），按其概率性质统一分为两大类，即随机因素和非随机因素。对于非随机因素，按线性相加合成；对于随机因素，按高斯概率分布采取均方值合成。将以上两大类相加形成车辆的动态偏移量。

（6）所有侧倾角度引起的偏移量合成后，其大小受限于车辆结构上的竖向止挡。横向位移量和竖向位移量大小受限于车辆结构上的横向止挡及竖向止挡。

（7）对于隧道内平直线、高架线（含地面线）两类车辆限界均采用统一的计算公式。计算操作时应根据不同类别情况合理选用不同的计算参数。

（8）车辆限界偏移量计算分为车体、转向架、受电弓（第三轨受流器）三部分分别计算。

（9）车辆限界一经确定，属限界标准中重要的部分。车辆运行安全与否，必须根据计算结果确定车辆动态包络线是否超越车辆限界。

（10）计算中涉及的计算车辆轮廓线及计算参数仅供限界确定时使用，并非对车辆规格和参数作强制性规定。实际制造的车辆应以实际参数按基本规定验算是否符合车辆限界。

2. 车辆限界的计算要素

（1）车辆的制造误差。

（2）车辆的维修限度。

（3）转向架轮对处于轨道上的最不利运行位置。

（4）轮对相对于构架的横向振动量。

（5）转向架构架相对于车体的横向位移量。

（6）车辆的空车、重车挠度差及垂向位移量。

（7）轨道线路的几何偏差（含维修限度）。

（8）一系悬挂侧滚位移量。

（9）二系悬挂侧滚位移量。

（10）车辆制造中设备安装不对称、乘客分布不对称、轨道水平不平顺等引起的偏斜。

3. 车辆在曲线上偏倚量的计算

车辆通过曲线时，车体的中心线与线路的中心线不能重合而发生偏离的现象叫作车辆偏倚。车辆在曲线上运行时，车体的中央部分偏向线路中心线的内方、两端偏向线路中心线的外方，偏倚的多少称为偏倚量。车辆在曲线上的偏倚量与曲线半径的大小和车辆的长度有关，曲线半径越小或车体越长，则偏倚量越大。车辆偏倚量过大时，车体有可能侵入建筑接近限界，并使车钩互相摩擦，或引起车钩自动分离以及不能摘钩等现象。在实际工作中，主要应用在监装超限货物时，计算通过曲线时的偏倚量，核查能否保证安全运行。车辆在曲线上偏倚量的计算方法如下。

1）二轴车辆在曲线上的偏倚量的计算

图 1-16 为二轴车辆在曲线上的车辆偏倚量计算简图。为简化计算，假定轮对与车体之间没有任何间隙，而车轴与车体成绝对的垂直位置并且假定这两个轮对的中心与线路的中心线相重合。设 $CD = \alpha_1$ 为车辆中央部分向内偏倚量，$AE = \beta_1$ 为车辆端部向外偏倚量（忽略夹角影响，将 AE 视作 β_1），$AA_1 = L$ 为车体长度，$BB_1 = S$ 为二轴车辆的固定轴距，R 为线路曲线半径，弧 gg_1 为曲线线路中心线。

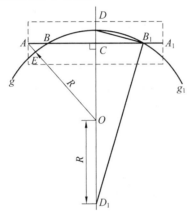

图 1-16　二轴车辆在曲线上的偏倚量计算简图

由 $\triangle D_1CB_1 \sim \triangle B_1CD$，可得 $D_1C/CB_1 = CB_1/CD$。因 $D_1C = DD_1 - DC = 2R - \alpha_1$，而且 $CB_1 = BB_1/2 = S/2$，故得

$$\frac{2R - \alpha_1}{S/2} = \frac{S/2}{\alpha_1} \tag{1-1}$$

$$\frac{S^2}{4} = 2R\alpha_1 - \alpha_1^2 \tag{1-2}$$

因 α_1^2 数值很小，可略去不计，故得

$$\alpha_1 = \frac{S^2}{8R} \tag{1-3}$$

在 $\triangle AOC$ 中，由 $AO^2 = AC^2 + CO^2$，即

$$(R + \beta_1)^2 = \left(\frac{L}{2}\right)^2 + (R - \alpha_1)^2 \tag{1-4}$$

展开后，可得

$$R^2 + 2R\beta_1 + \beta_1^2 = \frac{L^2}{4} + R^2 - 2R\alpha_1 + \alpha_1^2 \tag{1-5}$$

因 α_1^2 及 β_1^2 的数值很小，可略去不计，故得

$$2R\beta_1 = \frac{L^2}{4} - 2R\alpha_1 \tag{1-6}$$

$$\beta_1 = \frac{L^2 - 8R\alpha_1}{8R} \tag{1-7}$$

将式（1-3）代入式（1-7），得

$$\beta_1 = \frac{L^2 - S^2}{8R} \tag{1-8}$$

在车体长度、固定轴距和线路半径已知的情况下，由式（1-3）和式（1-8）可分别求得二轴车辆在曲线上时，其中央部分的向内偏倚量和两端的向外偏倚量。为了充分利用限界，在设计车辆时希望 $\alpha_1 = \beta_1$，即

$$\frac{S^2}{8R} = \frac{L^2 - S^2}{8R} \tag{1-9}$$

$$\frac{L}{S} = \sqrt{2} \approx 1.4 \tag{1-10}$$

说明车体长度与其固定轴距之比等于 1.4 时，利用限界较为合理。

2）有转向架的车辆在曲线上的偏倚量的计算

有转向架的车辆在曲线上的偏倚量计算简图如图 1-17 所示。有转向架的车辆在曲线上运行时，由于转向架心盘的中心向线路曲线内方偏倚，带动车体都向曲线中心移动，因此车辆中部的偏倚量增加，两端的偏倚量减少。由图 1-17 可见，转向架下心盘中心向线路曲线中心内方偏倚量 α_2 可根据式（1-2）和（1-3）求得

$$\alpha_2 = \frac{S_1^2}{8R} \tag{1-11}$$

式中，S_1 为转向架固定轴距。

因为曲线半径很大，故 α_2 可视为整个车辆向曲线中心的移动量。于是，具有转向架的车辆中央部分的内偏倚量为

$$\alpha = \alpha_1 + \alpha_2 = \frac{S^2}{8R} + \frac{S_1^2}{8R} = \frac{S^2 + S_1^2}{8R} \tag{1-12}$$

式中，S 为有转向架车辆两心盘中心线间的水平距离（即车辆固定轴距）。

有转向架的车辆端部的外偏倚量为

$$\beta = \beta_1 - \alpha_2 = \frac{L^2 - S^2}{8R} - \frac{S_1^2}{8R} = \frac{L^2 - S^2 - S_1^2}{8R} \tag{1-13}$$

式中，L 为车体长度。

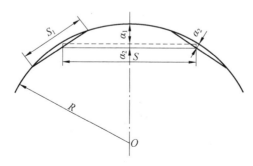

图 1-17　有转向架的车辆在曲线上的偏倚量计算简图

4. 轻轨车辆限界

轻轨车辆限界的划分要比地铁车辆限界简单，同样从基准坐标系原点开始，由内向外依次为车辆轮廓限界、车辆接近限界和设备接近限界，如图 1-18 所示。车辆轮廓限界应根据车体横断面和车辆下部设备外轮廓各点所规定的纵横坐标值确定。车辆接近限界是以车辆样车的构造和有关的参数为依据（如考虑车辆弹簧挠度和各项间隙、误差、磨耗等技术参数的影响），对车辆在运行中可能出现的各种工况所产生的横向偏倚量和垂直偏倚量进行分析计算，得出各点 X、Y 坐标值。车辆在具有最不利的公差和磨耗情况下，并计及车辆在运行中最不利位置所引起的最大偏差，均应容纳在车辆接近限界之内。设备接近界限是计及轨道的轨距等出现最大允许误差时引起车辆的附加偏倚量，以及在设计、施工、运营中尚未预计到的因素在内的安全留量，建筑物及地面固定设备的任一部分，均不得向内侵入此限界。

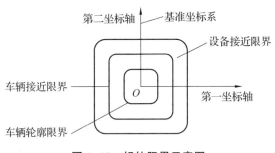

图 1-18　轻轨限界示意图

1.3　小结

本章对城轨车辆类型、编组方法、标识、特点、组成、技术参数及车辆限界这些概念进行了介绍，并阐述了城轨车辆的编组方法及标识，最后给出城轨车辆在曲线上偏倚量的计算方法。

复习思考题　▶▶　▶

1-1　世界轨道交通装备中整车供应商都有哪些厂家？

1-2　我国城轨车辆的设计和制造标准主要是从哪里引进的？

1-3　城轨车辆的性能参数和主要尺寸有哪些？

1-4　描述城轨车辆的类型和组成。

1-5　城轨车辆限界是如何确定的？

1-6　城轨车辆在曲线上偏倚量是如何计算的？

第 2 章
车体和车门

2.1 车 体

车体是容纳司机和乘客的部分，同时也是连接与安装其他设施设备的基础，是城轨车辆重要组成部件之一。车体顶部和车体底架下部安装的大量机电设备共同构成了车辆主体。车体的设计应具有良好的隔热、隔音、防火及减振等性能，并能在车辆故障状态下尽可能保障乘客安全，对其可靠性要求较高。

2.1.1 车体的结构

20 世纪 80 年代，我国地铁最早采用耐候钢无中梁整体承载结构，车体侧墙、车顶的梁柱与蒙皮结合后与底架构成封闭断面，以增强车体的强度和刚度。到 20 世纪 90 年代初，我国生产了断面为鼓形的地铁车辆，其能更好地利用限界。GB/T 7928—2003《地铁车辆通用技术条件》规定我国地铁车辆车体采用整体承载结构。

现代城轨车辆的车体整体承载结构是由底架、侧墙、端墙、车顶四大部分组成的封闭筒形薄壳，采用模块化设计，结构如图 2-1 所示。

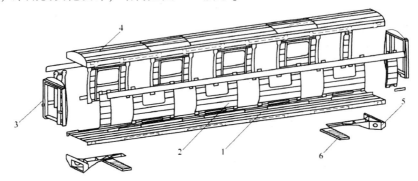

1—底架；2—侧墙；3—端墙；4—车顶；5—牵引梁；6—枕梁。

图 2-1 现代城轨车辆的车体整体承载结构

底架是车体结构和设施的安装基础,承受主要的动、静载荷,因此底架必须具有足够的强度和刚度,是检修作业的重点。在底架中部,断面较大并沿其纵向中心线贯通全车的梁称为中梁,它是底架的骨干。底架两侧边沿的纵向梁称为侧梁,侧墙固定于其上。底架两端部的横向梁称为端梁,端墙固定于其上。在转向架的支承处设有枕梁,为横向梁中断面最大的梁。在两枕梁之间设有两根以上的大横梁。为了吊挂设备、铺设地板,底架上还设有若干小横梁和纵向辅助梁,同时达到了增强底架强度和刚度的目的。上述梁件构成底架的一般结构,其中,中梁和枕梁承担载荷最大,因而最为重要。

侧墙由杆件、墙板和门窗组成。杆件与底架的侧梁连接成一体,包括立柱、上弦梁、横梁和其他辅助杆件。其中,立柱与所有纵梁、上边梁、下边梁组成的框架必须与墙板很好地焊接成一个整体,这样才能顺利传递各种载荷。墙板有蒙皮和内饰板,蒙皮用钢板、不锈钢板或铝合金板制成;内饰板具有车内装饰的功能,经过阻燃处理。

端墙结构与侧墙基本相同,除端梁外,还设有角称端立柱、上端梁和墙丛等,端墙一般都采用端板为金属板封闭形式,不同的是,Tc 车的 1 位端采用驾驶室封闭形式。

车顶结构包括车顶弯梁、车顶横梁、车顶端弯梁及车顶板等,为满足运行需求,车顶设有受电弓安装座和 HVAC(Heating Ventilation and Air Conditioning,供热通风与空气调节)井。以常州地铁运用车辆为例,Tc、Mp 或 M 车的车顶是不同的。Tc 车车顶形式与 M 车相同,但长度不同,因为 Tc 车为驾驶室拖车。

2.1.2 车体的材料

城轨车辆的车体按照使用材料不同一般可分为碳素钢车体、铝合金车体和不锈钢车体3 种类型。其中,碳素钢车体主要作为早期的城市轨道车辆车体材料,目前基本不再使用;现代城轨车辆的车体主要使用不锈钢和铝合金材料。

1. 不锈钢车体

城轨车辆发展早期主要采用普通碳素钢作为车体材料,由于其腐蚀严重,被不锈钢替代。此后,随着制造焊接及材料加工技术的不断提高,日本于 1978 年开发出轻量化不锈钢车体。轻量化不锈钢车体的开发,使车体钢结构的质量降为碳素钢车体的 1/2,在节能和降低维修费用方面的优越性得到了用户的肯定,越来越多的国家开始使用不锈钢车体。

不锈钢车体的主要部分均采用高强度不锈钢材料。梁、柱间通过连接板相连,各部件间采用点焊连接,形成不锈钢骨架结构。整体玻璃钢车头、金刚砂地板布直接粘接在铝蜂窝地板上,头车的顶板、圆头、间壁做成一体,与贯通道连接,达到整体美观的效果。

底架采用碳素钢端底架与不锈钢底架塞焊连接,主横梁与边梁利用过渡连接板实现点焊连接,底架边梁采用 4 mm 的 SUS301L-HT 材料,以提高底架的整体强度和刚度。

不锈钢车体的侧墙一般选用塞拉门、连续窗结构。为适应该要求,侧墙钢结构部分采取了比较特殊的方法,在连续窗范围内,钢结构必须便于车窗的安装、固定,不得有任何与车窗相干涉的结构;同时,工艺性要好,结构上必须可实现点焊。设计中,将窗间有玻璃通过的侧立柱压出凹形,再通过窗带过渡与窗框相连接。为便于加工出凹形的立柱采用了强度较低的 SUS301L-ST 材料,同时为保证该处强度,在其背面加了一根补强梁。为保证窗口及侧墙的平面度,窗口周围所有梁柱、补强部分均为点焊结构。

此外,由于车门开口对钢结构的强度和刚度影响很大,因此需要采取补强措施,如加长门上框翻边长度、在门上加补强板、将底架碳素钢边梁延长过车门口等。为消除门角应力集中的问题，采用在门口外围进行补强及加过渡圆弧，在门角内加门角补强铁的方法。通常采用上述这些措施来增加车体刚度及强度。端墙的板、梁均采用点焊结构。

不锈钢车体的车顶由波纹顶板、车顶弯梁、车顶边梁、侧顶板、空调机组平台等部分组成。采用波纹顶板无纵向梁结构，顶板间搭接缝焊连接，与车顶弯梁点焊在一起。空调机组平台由纵梁、弯梁、顶板点焊组成部件，再与车顶通过点焊及塞焊组成一体。由于车顶是无纵梁结构、波纹顶板要传递车体纵向力，因此选择强度较高的材料。车顶边梁是车顶也是整车主要承载部件，所以选用强度最高的材料，整体冷弯成型。不锈钢车体主要的优点是造价低、耐腐蚀、强度高及易维护。

2. 铝合金车体

铝合金车体是一种轻型整体承载结构，主体材料是铝合金型材，通常采用模块化结构或全焊接组装，是一种新型的车体结构。铝合金材料密度小、强度大，铝合金材料构造的车体在满足车体强度和刚度的同时大幅度地减轻了车体的质量。

在铝合金车体结构设计中，车体主要承载构件，如底板、侧墙、车顶等均采用大型中空截面的挤压型材拼焊而成，以提高构件的刚度，充分发挥材料的承载能力，并达到最大限度地减轻车体质量的目的。与钢制车体相比，铝合金车体的焊接工作量减少约40%，制造工艺大为简化，质量可减少 3~5 t，并可保证车体承载结构在使用期（25~30 年）内不维修或少维修。此外，铝合金车体在和空气接触时会自然形成一层氧化模，不仅可以提高耐腐蚀能力，而且使车体表面美观，可以省去涂漆工序。

图 2-2 为常州地铁车辆铝合金车体的断面图，其形状类似于鼓，可以使车辆在圆形隧道内获得最大截面积（或称之为充塞比），增大车内空间；同时，有利于提高车辆在圆形隧道内的活塞效应，加强隧道的自然通风能力。该车体是由底板、侧墙、车顶、端墙等组成整体承载的薄壳型结构。

铝合金车体底板由地板、侧梁、枕梁、小横梁和牵引梁组成，5 块与车体等长的地板梁通过两侧的接口拼焊成车体地板，每块地板梁由上下翼板、腹板和 6 块肋板组成中空截面挤压铝型材。底板侧梁同样采用与车体等长的薄壁中空截面挤压铝型材。

Tc 车底板的前端设有撞击能量耗散区，其上开有 3 排椭圆孔，当车辆受到意外撞击时，它能产生较大的塑性变形，从而吸收纵向冲击能量，起到保护驾驶员、乘客和车辆的作用。底板的两端还设有牵引梁和横向承载梁，用来安装车钩牵引缓冲装置和传递车辆间的牵引力和冲击力。车顶、侧墙、端墙中部填充有玻璃纤维或矿物棉，以达到隔热作用。同时，车顶、侧墙及其地板下涂有隔音及防水涂料，转向架对应区域的地板下部粘接有隔音材料，起到隔绝噪声的作用。

现代城轨车辆车体地板是先在底板上纵向布置 4 mm 厚的橡胶条，再铺设一层表面很平坦的铝合金轻型型材，然后在铝型材表面直接粘贴 PVC 塑料地板，PVC 材料地板是一种理想的具有耐磨、阻燃和防滑功能的地板面材料，这种结构布置可以有效避免塑料地板长期使用后的起泡和脱落问题。

客室内的侧墙、端墙都采用阻燃的密胺树脂胶合板。由于在组装焊接的侧墙、端墙的铝合金材料的内侧都涂抹了阻尼浆并敷贴保温材料，因此侧墙、端墙都具有隔热保暖的功能。

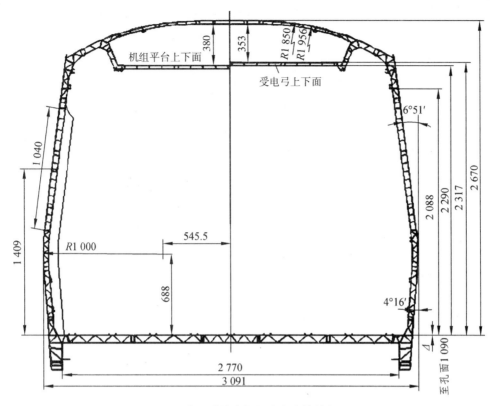

图 2-2　常州地铁车辆铝合金车体的断面图

车体的侧墙左右各有 5 扇车门和 4 个车窗，由此被分隔成 6 块带窗框。窗下间壁、左右窗间壁或门间壁等部件，全车共 12 块，在组装时各自与底板、车顶拼接，各块部件也为整体的挤压铝型材。

车外顶板两侧小圆弧部分采用形状复杂的中空截面挤压铝型材，中部大圆弧部分为带有纵向加强杆件的挤压成型的车顶板，其长度与车顶等长，车顶组装时仅留下几条与车顶等长的纵向长焊缝。

客室内顶板由三部分组成，中间为平板，平板两侧为多孔的通风口平板，最外侧为客室照明灯的灯箱。平板安装在悬挂的车顶吊架上。

铝合金车体具有以下优点。

1）强度高

经过热处理强化及合金化强化，铝合金车体的强度会大幅增加，能达到低碳钢相应的强度值，强度质量比约为碳素钢车体的 2 倍。

2）轻量化

铝合金材料车体具有较小的密度，杨氏模量也约为钢的 1/3。在车辆长度相同的条件下，与碳素钢车体相比，铝合金车体的质量减轻 30% ~ 35%。

3）耐腐蚀

铝合金材料车体与空气接触形成一层致密的氧化膜，这层膜能防止腐蚀，相当于车体总在实施氧化铝膜处理。因此，铝合金材料车体的耐蚀性能较好。

4）塑性好

铝材既可以轧成板材，又可以挤压成断面形状复杂的型材，切断、加工、弯曲也很容易，连接方式既可铆接、栓接，也可焊接。与钢制车体相比，铝合金焊接工作量减少约40％，制造工艺大为简化。车体的轻量化无论对于节省能源、提高轨道寿命，还是提高运输舒适性及安全性都有显著效果。

5）易再生

铝的熔点较低，再生简单，在废弃处理时也无公害，有利于环保，符合可持续发展战略。

2.1.3　不同材料车体性能对比

车体是城轨车辆的主体结构，不同材料和结构形式的车体对整个城轨车辆的结构、性能、制造、使用、维修，以及经济性等将产生深远的影响。

1. 轻量化

早期城轨车辆车体主要采用普通碳素钢制成，这种车体有众多纵、横型材构骨架和外包板结构，形成一个闭口的筒形薄壳整体承载结构，质量大。为了提高车体的耐腐蚀性，延长车体的使用寿命，现在较多应用的是含铜或含镍铬等合金元素的耐腐蚀的低合金钢材料，可使车体钢结构质量减轻15％左右。

半不锈钢（包板为不锈钢，骨架为普通碳素钢）或全不锈钢车体，免除了车体内壁涂覆防腐蚀涂料和表面油漆；在保证强度、刚度的前提下，通过调质压延而获得高强度不锈钢薄板，板厚可减小，同时也提高了使用寿命。一般不锈钢车体质量比普通碳素钢减轻约20％。

铝合金材料的比重仅为钢的1/3，而弹性模量也是钢的1/3，因此，铝合金车体不能采用碳素钢车体的结构形式。为了充分利用铝合金的性能特点，在铝合金车体结构设计中，车体主要承载构件一般采用大型中空截面的挤压铝型材，以提高构件的刚度，充分发挥材料的承载能力，从而最大限度地减轻车体质量。

2. 制造成本

根据德国、日本等车辆制造业发达国家的资料统计，3种材质的车体制造成本大致相当。在我国，受材料和劳动力成本等方面因素的影响，目前3种材质车体制造成本比例大致如下：碳素钢、不锈钢、铝合金型材的造价成本比例约为1：4.5：4.65。但是，随着我国城轨车辆生产规模的不断增加、机械化加工程度的不断提高，可以预见，3种材质车体的制造成本将逐步趋于接近。

3. 耐腐蚀性

城轨车辆由于其特殊的工作环境，风雨侵蚀，温度、湿度的变化以及空调造成的结霜等，对车体结构的影响较大。

早期普通碳素钢车体，车体的雨檐周围、门口及车窗周围的立柱、墙板、地板等处容易被腐蚀，一段时间后要进行局部修补、部分改造、大改造，这种反复修补、改造，使得车辆的寿命大大降低。

不锈钢车体具有耐腐蚀、免维修等特点。全部采用不锈钢材料的车体是与铝合金车体大致在同一时期开发出来的。通过对运营车辆进行的定期检查，发现没有必要对外板进行修补、涂装。另外，对梁柱也没有必要进行修补。因此，除了不需要车体维修费用外，还会减少由于维修而产生的烟雾、有机溶剂等在作业场所的散布，从而减少对相关电气设备的检查、维修等其他作业量。

铝合金车体除了车钩部分及车体内的螺钉座使用碳素钢外，其他部位均为铝合金。目前的城轨车辆铝合金车体已经使用大型铝合金挤压型材。对运营后铝合金车体腐蚀情况进行的调查表明：雨檐、门口、窗口周围及底架端部、车体侧面的焊接热影响区处发生了腐蚀。但和碳素钢车体相比较，腐蚀程度很轻，对车体的强度不会产生影响，只需对车辆进行定期维护。

4. 维护管理

按照发达国家的最近统计数据，在 30 年的使用寿命期间，碳素钢车体各个门口、门柱下部及墙板，均可能挖补截换，再加上调平、重新油漆，要增加相当多的费用，同时由于质量的增加也要增加电能损耗，后期碳素钢总维护成本远高于不锈钢和铝合金车体。所以，按照寿命周期成本核算，碳素钢车体最高。另外，随着车辆工艺技术更新速度的不断加快，城轨车辆车体的维护管理费用会进一步降低。

2.2　车　门

2.2.1　车门的结构与原理

根据城市轨道交通的特点，城轨车辆的车门应方便乘客或司机出入，并尽量缩短乘客上、下车时间，满足列车运行密度的要求。以 A 型车客室车门为例，应满足如下要求：

（1）要有足够的有效宽度（一般为 1 300 ~ 1 400 mm）；

（2）车门要均匀分布，以方便乘客上、下车；

（3）要有足够数量的车门（一般 4 ~ 5 对/辆）；

（4）车门附近要有足够的空间和面积，方便上、下车乘客的周转；

（5）要确保乘客的安全。

图 2-3 所示为城轨车辆典型的客室车门系统结构。一般情况下，城轨车辆的客室车门系统具有以下关键部件。

1. 门页

每个客室车门由左、右两个门页所组成，其中每个门页又包括一个门板、一个门窗、一套密封条和一个下导轨。

2. 上部执行器

上部执行器主要功能是确保门页做对称运行和协调运行，即确保车门的正常工作状态，该执行器又包括以下结构。

（1）车门吊挂系统。

（2）车门驱动系统，主要包括一个电动机（一般为直流无刷电动机）或传动风缸组件，一个驱动组件（一般为滚珠丝杠机构），一个紧急解锁机构和一套校验设备（两个闭锁限位开关和一个关门限位开关）。

（3）车门锁紧和解锁装置。城轨车辆的车门一般具有自动锁紧、自动解锁和紧急解锁的功能。

（4）电子门控单元（Electrical Door Control Unit，EDCU）。EDCU 是车门的核心控制单

城市轨道交通车辆课程设计

元，自身配备有微处理器，具备驱动系统控制功能和内、外部通信功能，接受来自司机室并通过列车控制总线传递的车门控制指令。每节车车门的 EDCU 都与列车控制总线相连，在列车运行过程中，EDCU 与列车控制系统完成大量的信息交换工作，如车门开启和闭合信息、紧急装置被操作信息、门位置传感器故障诊断信息等。

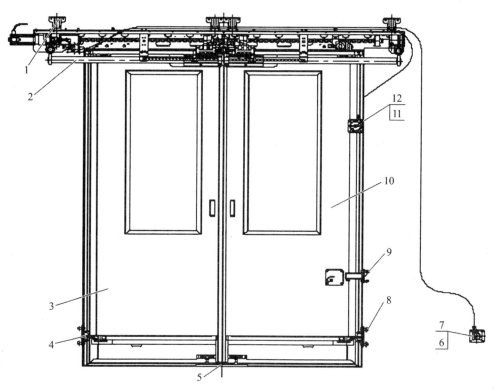

1—顶吊架+侧吊架；2—承载驱动机构；3—左门页；4—摆臂组件；5—嵌块；6—外操作装置；
7—外操作钢丝绳组件；8—摆臂组件（右）；9—隔离开关组件；10—右门页；11—内操作装置；
12—内操作钢丝绳组件；13—EDCU。
图 2-3　城轨车辆典型的客室车门系统结构

另外，EDCU 与车门系统内部组件也进行相应的通信工作，从而完成相应的车门动作，如车门工作状态监控与诊断，其主要包括障碍物检测和防夹；车门是否能够正常开启和关闭监控；车门系统相关部件的故障诊断等。

每个 EDCU 都具有故障显示和储存功能（记录并显示故障代码及故障发生实际时间等），可通过车辆供应商提供相应的软件对每个 EDCU 的故障进行读取，从而作为车门日常维修、维护的重要依据。

在司机室每侧的门柱上安装有控制客室车门的按钮，可根据选定侧打开同侧车门。在城市轨道车辆正常运行状态下，只有在运行司机室才能够控制车门。

每一扇车门都安装了一个锁紧/切除装置，目的是当某车门出现故障时可以将该车门从服务状态切除，并机械锁紧。切除后不能再使用紧急解锁功能打开该门，可以在车内和车外，通过旋转双位方形钥匙（锁紧位、切除位）来实现。

2.2.2 车门的种类

目前世界各国城轨车辆的车门种类较多,可按其驱动方式和开启方式进行分类。

1. 按驱动方式分类

1) 电气风动门

电气风动门由压缩空气驱动传动气缸,再通过机械传动系统和电气控制系统完成车门的开关动作。机械传动系统的作用是将传动气缸活塞杆的运动传递至车门,使车门动作。电气控制系统具有开、关门控制,车门动作监视和列车控制电路联锁等功能。

2) 电控驱动门

电控驱动门如图 2-4 所示,由一套电动机组件、一套驱动组件(如螺杆、传动螺母、臂叉和球面轴表等)、一个紧急解锁机构、一套校验设备(如闭锁限位装置和关门限位开关)和一个控制器组成。通过电动机驱动螺杆,并配合连接于门页与螺杆间的组件(如传动螺母及驱动臂的臂叉),将滑行运动传送给门页。

电控驱动门由于采用电动机进行调速,因此在车门开关速度方面较电气风动门更容易控制;同时,电控驱动门也避免了电气风动门在布置时需额外铺设风路管道,及在运行过程中可能出现漏风等问题,所以在城轨车辆车门实际选择使用时电控驱动门更受青睐。

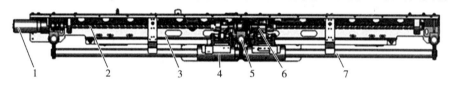

1—电机;2—丝杆;3—上导轨;4—携门架组件;5—传动螺母;

6—横向导柱;7—纵向导柱。

图 2-4 电控驱动门

2. 按开启方式分类

1) 内藏门

内藏门在开、关车门时门翼在车辆侧墙的外挡与内护板之间的夹层内移动,传动装置设于车用内侧车门的顶部,装有导轮的门翼可在导轨上移动并与传动装置的钢丝绳或皮带相连接,借助气缸或电动机驱动传动机构使钢丝绳或皮带带动门翼动作。内藏门外观如图 2-5 所示。

内藏门的特点:驱动机构占用车辆上的空间较小,这与内藏门的运动方式有关,内藏门只做沿车长方向的直线运动,没有曲线运动,因此驱动机构相对较为简单;质量较轻;手动开、关门所需力量较小。

2) 外挂门

外挂门有时也称为外移门,与内藏门的区别在于开关车门时,门翼均处于侧墙的外侧。外挂门采用模块化设计和安装,门页、车门悬挂机构以及传动机构的部分部件安装于车体侧墙外侧,EDCU 和驱动电动机装于车体侧墙的内侧。此外,车门还装有车门关闭行程开关、锁闭行程开关、切除开关以及紧急解锁开关。外挂门由电动机带动丝杆转动,丝套在丝杆上的横向移动带门叶在导轨上滑动。外挂门外观如图 2-6 所示。

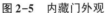

图 2-5　内藏门外观

图 2-6　外挂门外观

外挂门的特点：与其他形式的车门相比，采用外挂门形式的列车车内空间相对较大；但门翼始终位于车体侧墙的外侧，因此车辆运行过程中会产生一定的运行阻力。

3）塞拉门

塞拉门主要由门页、电动机、支承杆、托架组件、车门导轨、传动组件、制动组件、紧急解锁机构、车门旁路系统及 EDCU 等组成。车门还装有锁闭行程开关、切除开关、紧急解锁开关和 EDCU 复位开关，实现对车门的电气控制。塞拉门外观如图 2-7 所示。

图 2-7　塞拉门外观

塞拉门的特点：塞拉门在开启状态时，车门移动到侧墙的外侧；在关闭状态时车门外表面与车体外墙成一平面，这不仅使车辆外观美观，而且有利于减小列车在高速行驶时的空气阻力和降低空气涡流产生的噪声，也便于自动洗车装置对车体的清洗。

另外，在城轨车辆驾驶室前端还设有紧急前门（逃生门），如图 2-8 所示。

图 2-8　紧急前门

通常情况下，紧急前门处于锁闭状态，因紧急疏散或按计划对门进行维修时才打开。该紧急前门系统为手动铰链式，在驾驶室内、外都可开启，其打开方式为向外下方翻转，一旦门锁开启，车门能自动倒向路基，并且有缓冲器，从而不会导致车门开启的加速度过大而致使门损坏。紧急前门主要由门框、门扇、保险锁、气弹簧及铰链等零部件组成，一般为可伸缩的套节式踏板机构，两侧设有扶手栏杆，中间铝合金踏板上涂有防滑漆，故乘客在上面行走时不易滑倒。

2.2.3　车门故障分析

1. 车门故障因素

地铁列车运营线路站距短，客室车门频繁地开启和关闭，易导致客室车门的门控电气元件和机械零部件损坏，造成正线运营列车的客室车门故障频发。故障较轻则该车门被切除，故障较重则列车发生掉线、清客或救援。

对现有地铁车辆的 3 种客室车门的故障情况进行分析，可以得出以下车门故障的主要原因：

（1）从车门结构方面分析，限位开关、继电器、门槛条、护指橡胶条、开/关门按钮、橡胶止挡、驱动气缸/电动机、解锁气缸、S 钩门锁、钢丝绳等出现故障均会导致车门无法正常工作；

（2）EDCU 的软件和硬件系统故障，造成车门系统的通信功能和控制功能缺失；

（3）车体振动或乘客挤靠造成车门局部变形，导致车门无法正常开启和闭合；

（4）司机误操作、乘客擅自随意启用紧急设施、检修人员水平低下等人为主观因素。

2. 车门整改措施

技术人员对车门系统的故障进行了统计分析和可靠性研究，并分析车门故障的产生原因，从而对车门系统本身的设计和制造缺陷系统地实施了多项整改。因篇幅所限，本书仅选取具有代表性的上海地铁 AC03 型列车车门的整改措施作简要介绍。

1）增加门控旁路开关

在 AC03 型列车的试运营过程中，曾发生无法判断车门故障的位置的现象，也曾发生无法切除故障车门的情况，这些均导致了牵引系统自动封闭，使得列车无法自行退出运营，给正线的运营带来很大影响。根据现有其他列车的运营经验，若司机室内设有车门门控旁路开关，可以实现对客室车门的旁路，从而解除列车牵引系统的封闭。为此，在原有设计的基础上通过改造线路增加了门控旁路开关。当此开关动作时，列车左侧车门监控继电器触点和列车右侧车门监控继电器触点被旁路，相当于列车车门系统对于牵引系统的影响被旁路。即当出现严重车门故障时，通过使用门控旁路开关，列车可自行牵引退出正线，避免救援，减少故障影响正常运营的时间，有效地降低了列车车门故障对正常运营带来的不良影响。

2）更改车门障碍物探测次数

障碍物探测功能是指当列车探测到有乘客或其他物品被车门夹住时，车门夹紧力会短暂消失，给乘客一定的时间脱身，然后再继续实施关门动作。该功能的探测次数对车门的使用性能有直接影响。塞拉门初始设计的障碍物探测次数为 3 次，经常发生障碍物探测 3 次结束后车门自动完全打开的现象，此时通常会出现大量乘客继续向车厢涌入而致使更多人挤在车门之间的情况，于是车门依旧长时间无法关闭而造成列车晚点。因此，整改方法为将探测次数改为 6 次，从而延长被夹乘客用于脱身的时间，并且减小探测后车门弹开的缝隙大小，防止其他乘客伺机涌入。当被夹乘客顺利进入车厢内后，该车门会在检测车门之间无障碍物的情况下及时自动闭合，保证列车尽快起动，从而降低晚点率。

3）增加车门再关门功能

再关门功能是指当车门遇到障碍物并探测设定的次数后仍无法关闭时，车门会自动完全打开，此时司机可直接按关门按钮关闭未关闭的车门。ACO3 型列车车门原设计不具备再关门功能，当车门按预先设定次数进行障碍物探测后障碍物仍然存在进而导致车门依旧无法关闭时，该车门会自动完全打开，此时司机只有先按开门按钮打开列车该侧所有车门，然后再按关门按钮才能将未关闭的车门关闭。再次打开所有车门通常会导致更多的乘客挤在车门中间，此时所有车门都将无法关闭。上述现象在客流高峰时段显得尤为突出，严重影响了地铁的正点运营。车门增设再关门功能后，取消了车门自锁信号，司机不用进行开门操作，只需要再次按下关门按钮，列车控制系统就会再次发出关门脉冲信号，并只对未关闭的个别车门进行再关门操作。

4）关门夹紧力的调整

地铁列车客室车门关门夹紧力大小与乘客安全和车门故障密切相关。关门夹紧力值太小会由于乘客拥挤而造成车门无法正常关闭，车门也容易产生故障，对列车运营有比较大的影响；关门夹紧力值太大又会增加夹伤乘客的概率，对乘客人身安全造成较大威胁。

车门原设计的关门夹紧力均为 150 ~ 200 N，再开门功能频繁启动，车门无法正常关闭。为了降低车门对运营的影响，同时保证乘客不会被车门夹伤，进行了一系列关门夹紧力的试验。试验发现，车门夹紧力会随着障碍物探测次数的增加而在预设夹紧力值范围内由小到大逐步增加，这样就使得乘客在车门夹紧力较小的时候就能脱身，有效降低了夹伤乘客的概率。实际运营情况和试验结果表明，较为合理的设置方法是，列车车门障碍物探测次数设为 6 次，每次的探测之后关门夹紧力分别设为 150 N、200 N 和 260 N 等。该调整方案既可以保证乘客人身安全，也可以一定程度上降低列车车门故障率及故障导致的晚点率。

2.3　小　结

本章主要介绍了城轨车辆车体和车门的主要结构、分类，以及车门常见故障。车体采用模块化设计，由底架、侧墙、端墙、车顶四大部分组成封闭筒形薄壳整体承载结构。按照车体所采用材料，可分为碳素钢、不锈钢和铝合金车体。而车门按其开启方式区分主要有内藏门、外挂门、塞拉门 3 种形式。针对车门出现的故障，以上海地铁 AC03 列车车门为例介绍了常用的整改措施。

复习思考题

2-1　简述城轨车辆车体的组成部分及其作用。

2-2　城轨车辆车体的材料有哪几种，分别具有何种特点？

2-3　解释车辆限界与设备限界的含义。

2-4　简述城轨车辆车门的结构与特点。

2-5　简述城轨车辆车门的种类。

第3章
转向架

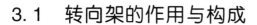

3.1 转向架的作用与构成

转向架（车辆走行装置）是支承车体并负担车辆走行任务的部分，其作用是保证车辆灵活、安全平顺地沿钢轨运行和通过曲线；可靠地承受作用于车辆的各种力量并传给钢轨；缓和车辆和钢轨的相互冲击，减少车辆振动，保证足够的运行平稳性和良好的运行质量；具有可靠的制动机构，使车辆具有良好的制动效果。

转向架是车辆导向、运行、荷重及减振的关键部件，应具有使列车制动减速或停车的作用；对于动车来讲，还将牵引电机的转矩通过齿轮传动转动轮对，从而转化为列车前进的牵引力。

铁路发展初期车辆比较短小，车辆的转向架比较简单，只包括通过弹簧安装在车体下部的两个轮对。随着车辆的发展，每辆车的轴数增加，而且对车辆性能要求也不断提高，于是把车辆的轮对、轴箱、悬挂装置、基础制动装置和构架等组成一个独立整体，称为转向架。

对转向架的要求如下：

（1）要求悬挂装置可以根据客流的变化调整其刚度，以保证车辆客室底板面与站台面的高度相协调，方便旅客的乘降，这对城轨车辆尤为重要。

（2）转向架的结构便于弹簧减振装置的安装，以使其具有良好的减振特性，缓和车辆和线路之间的相互作用，减小振动和冲击，提高车辆运行的平稳性和安全性。

（3）对动力转向架来说，还要便于安装牵引电机及传动装置，以提供驱动车辆的动力。

（4）转向架是车辆的一个独立部件。转向架与车体之间的连接件要少，且结构简单、装拆方便，便于转向架独立制造和维修。

通常，转向架由构架、轮对轴箱装置、弹性悬挂装置（包括一系悬挂装置、二系悬挂装置）、制动装置、牵引电机与齿轮变速传动装置等几部分组成。图3-1为转向架3D模型。

图 3-1　转向架 3D 模型

3.2　构　架

构架是转向架的基础，它把转向架的零部件组成一个整体。故它不仅承受、传递载荷及作用力，而且它的结构、形状和尺寸都应满足零部件组装要求。图 3-2 为构架模型。

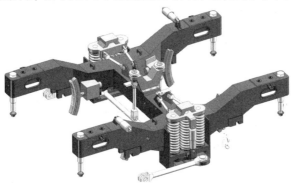

图 3-2　构架模型

1. 构架的作用

（1）构架或侧架是转向架的基础。

（2）承受和传递各作用力及载荷。

（3）满足各零部件的结构、形状及组装的要求。

2. 对构架的要求

（1）因为部分尺寸精度要求较高，所以一些部件的安装应具有较高的定位精度，如轮对定位，使转向架达到较高的运动性能。

（2）便于各部件及附加装置的安装，包括轮对安装、传动齿轮装置的悬挂、牵引电机的安装、制动系统的安装。

（3）结构经过设计，具有足够高的强度，承受并传递牵引力、制动力、车体质量以及各种冲击、振动，保证列车运行安全。

构架主要由左、右侧梁，一根或几根横梁及前后端梁组焊而成。没有端梁的构架，称开口式构架，亦称 H 形构架；有端梁的构架，称封闭式构架；就制造工艺而言，转向架的构架主要有铸钢构架和焊接构架两种形式。按结构形式有：开口式、封闭式或 H 形、日字形、目字形等。

目前广州地铁均采用 H 形的压型钢板焊接构架，1 号线车辆的动车转向架和拖车转向架的构架是相同的，在维修中可以互换。在额定载荷下，构架使用寿命为 30 年。

3.3 轮对与轴箱

轴箱与轴承装置是联系构架和轮对的活动关节，使轮对的滚动转化为车体沿着轨道的直线运动。轮对沿钢轨滚动同时，除承受车辆的质量外，还传递轮轨之间的其他作用力，包括牵引力和制动力。图 3-3 为轮对与轴箱的平面图。

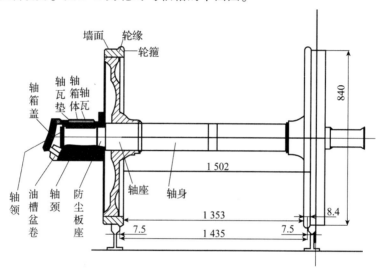

图 3-3 轮对与轴箱的平面图

3.3.1 轮对

轮对由一根车轴和两个同型号车轮通过过盈配合组装而成，地铁和轻轨车辆一般采用铸钢式整体车轮。轮对组装过程通常采用冷压或热套的工艺，使车轮与车轴牢固地结合在一起，使用过程中不允许有松脱现象。

轮对的内侧距是保证车辆运行安全的一个重要参数。轮对在钢轨上滚动时，轮对内侧距应保证在最不利的条件下，车轮踏面在钢轨上仍有足够的安全搭接量，不致造成掉道；同时，还应保证车辆在线路上运行时轮缘与钢轨之间有一定的游隙。轮缘与钢轨之间的游隙太小，可能会造成轮缘与钢轨的严重磨耗；轮缘与钢轨之间的游隙太大，会使轮对蛇行运动的振幅增大，影响车辆运行品质。轮对内侧距有严格的规定，我国地铁车辆轮对内侧距为 1 353±2 mm。

车轴由轴颈、轮座和轴身组成。轴颈是安装轴承的部分；轮座是车轮安装位置；轴身是车轴整体。

车轮的作用是引导车辆沿钢轨运动，同时还承受着车辆与钢轨之间的载荷。轮对性能好坏直接影响到车辆的运行品质。对车轮的要求如下：

（1）在保证足够强度和一定使用寿命的前提下，使其质量最小，并具有一定弹性，以减少轮轨之间的作用力；

（2）应具备运行阻力小，耐磨性好的优点；

（3）应能适应车辆直线运行，又能顺利通过曲线，还应具备抵抗脱轨的安全性。

3.3.2 车轴

车轴功能：连接车轮和转向架构架；支承转向架和车体；传递牵引力；传递制动力；承受车体重力。

轨道交通车辆使用的车轴，绝大多数为圆截面实心轴，由于各部位受力状态不同，其直径也不一致。车轴用优质碳素钢（40 钢或 50 钢）锻造制成。车轴表面需锻造光平，不得有起层、裂纹、溶渣或其他危害性缺陷。根据车轴使用轴承形式的不同，车轴可分为滑动轴承车轴和滚动轴承车轴。现阶段滑动轴承车轴已全部淘汰，故这里只介绍滚动轴承车轴。

车辆滚动轴承车轴除端部形状外，其余和滑动轴承车轴相似。车轴两端伸进轴箱的部分叫轴颈，安装轴承和承受车辆载荷、压装车轮的部分叫轮座，车轴中部是轴身。动车转向架的轴身上安装有齿轮箱，传递电机产生的转矩驱动轮对，再通过构架和中央牵引装置带动车辆前后运行。滚动轴承车轴形状有 5 种，其中动轴承车轴结构如图 3-4 所示。

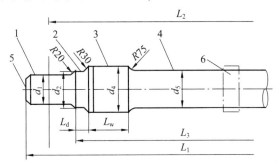

1—轴颈；2—防尘板座；3—轮座；4—轴身；5—轴端螺栓孔；6—制动盘安装座；

L_1—车轴长度；L_2—轴颈中点间距离；L_3—防尘座外侧距；

L_d—防尘座宽度；L_w—轮座宽度。

图 3-4 动轴承车轴结构

（1）轴颈 1 是安装滚动轴承和承载的部位。

（2）防尘板座 2 为车轴与防尘板配合部位，其直径比轴颈直径大，比轮座直径小。

（3）轮座 3 是车轴和车轮配合的部位，是车轴受力最大的部位。

（4）轴身 4 是两轮座的连接部分，为增加其强度和减少应力集中，车轴轴身呈圆柱形。

（5）轴端螺栓孔 5 是滚动轴承车轴安装轴端压板的地方，轴端压板的作用是防止滚动轴承内圈从轴颈两端窜出。

（6）制动盘安装座 6 供压装制动盘用。一般一根车轴上设有两个制动盘安装座，过渡圆弧半径为 55 mm。

3.3.3 车轮

目前我国城轨车辆普遍采用整体辗钢轮。整体辗钢轮由踏面、轮缘、车辋、辐板和轮毂等组成。车轮与钢轨的接触面称为踏面，踏面一侧突出的圆弧部分称为轮缘；轮缘是保持车辆沿钢轨运行，防止脱轨的重要部分；轮辋是踏面下，车轮最外的一圈；轮毂是轮与轴相互配合的部分；辐板是连接轮辋和轮毂的部分。辐板上有两个圆孔，便于轮对在切削加工时与机床固定和搬运轮对之用。图3-5所示为车轮结构。

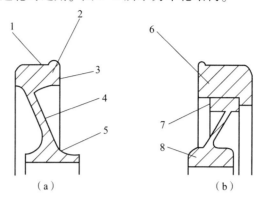

1—踏面；2—轮缘；3—轮辋；4—辐板；5—轮毂；6—轮箍；7—扣环；8—轮心。

图3-5 车轮结构

(a) 自辐板形轮；(b) 轮箍轮

车轮踏面需要做成一定的斜度，踏面呈锥形，其作用如下。

（1）便于通过曲线。车辆在曲线上运行，由于离心力作用，轮对偏向外轨，由于踏面锥形的存在，外轨上滚动的车轮滚动圆直径较大，而沿内轨滚动的车轮滚动圆直径较小，这正好和曲线区间线路外轨长、内轨短相适应，使轮对顺利通过曲线，减少车轮在钢轨上的滑行。

（2）在直线上运行时轮对能自动调中。车轮在直线线路上运行时，如果车辆中心线与轨道中心线不一致，轮对在滚动过程中能自动纠正偏离位置。

（3）使磨耗踏面更为均匀。踏面与钢轨接触面的滚动直径在不断变化，致使轮轨的触点也在不断地变换位置，从而使踏面磨耗沿宽度方向比较均匀。

（4）车轮踏面有斜度，踏面各处直径不相同，按有关规定，离车轮内侧70 mm处所测得的圆的直径作为车轮直径，简称轮径，该圆称为车轮滚动圆。广州地铁1、2号线车辆新轮滚动圆直径为840 mm。

另外，单轨交通及新交通系统采用充气橡胶轮胎，有走行轮、导向轮、稳定轮之分（走行轮充氮气，其他充空气）。车辆上常安装有轮胎检测装置和备用轮胎，可及时更换。

3.3.4 轴箱

轴箱是套在轴颈上的部件，采用滚动轴承（滚柱或滚珠）。轴承按规定的修程时间检测及更换，平时应具有较强的可靠性。

轴箱内装油脂润滑装置，减少摩擦阻力，降低摩擦升温。

轴箱装置的作用如下：

（1）连接轮对与转向架构架，支承人字弹簧的底部、支承转向架构架；

（2）承受和传递轮对与转向架之间的各种载荷，承受车体重力，传递牵引力、制动力；

（3）给轴承内外圈定位，保持轴颈和轴承的正常位置，从而保证车轴正常安装位置；

（4）使轮对沿钢轨的滚动转化为车体沿线路的平动；

（5）保留轴承油脂，保证轴承良好的润滑性能，并具有良好的密封性，防止尘土、雨水等物浸入或油脂甩出，从而防止油脂润滑作用破坏，避免燃油事故。

约束轮对与构架之间相对运动的机构称为轴箱定位装置，如图 3-6 所示。由于轴箱相对于轮对在左右、前后方向的间隙很小，故约束轮对相对运动的轮对定位通常也称为轴向定位。它对转向架的横向动力性能、抑制蛇行运动具有决定性作用。

图 3-6　轴箱定位装置

轴箱定位装置在纵向和横向具有适当的弹性定位刚度值，从而可避免车辆在运行速度范围内蛇行失稳，保证在曲线运行时具有良好的导向性能，减轻轮缘与钢轨的磨耗和噪声，确保运行安全和平稳性。目前存在的定位方式有：拉板式定位、拉杆式定位、转臂式定位、层叠式橡胶弹簧定位。图 3-7 为圆柱滚动轴承轴箱装置的结构示意图。

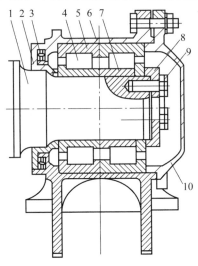

1—车轴；2—防尘挡圈；3—密封圈；4—圆柱滚子；5—轴承外圈；
6—轴箱；7—轴承内圈；8—内圈压板；9—螺栓；10—轴箱盖。
图 3-7　圆柱滚动轴承轴箱装置的结构示意图

3.4　弹性悬挂装置

为了减少线路不平顺和轮对运动对车体的各种动态影响，转向架在轮对与构架之间以及构架与车体之间，设有弹性悬挂装置。弹性悬挂装置由弹簧装置、减振装置和定位装置组成，安装在轮对与构架（侧梁）或构架与车体（摇枕）之间，其中轮对与构架（侧梁）之间的称为一系悬挂装置，也称轴箱悬挂装置；构架与车体之间的悬挂装置称为二系悬挂装置。

一系悬挂装置大多采用金属圆簧或圆锥叠层橡胶弹簧（兼作轴向定位），保证转向架与车体之间的连接，如图3-8所示；二系悬挂装置采用空气弹簧、横向油压减振器及叠层缓冲橡胶弹簧，保证轮对与构架之间的连接，如图3-9所示。

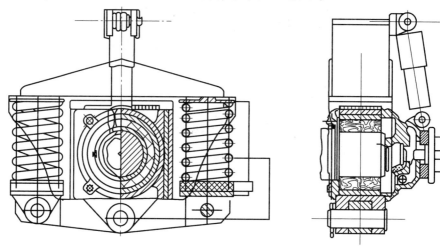

图3-8　一系悬挂装置结构

图3-9　二系悬挂装置实物

空气弹簧的结构如图3-10所示。

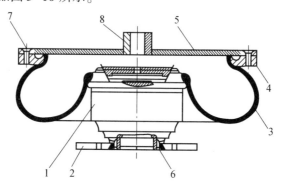

1—紧急弹簧；2—底板；3—气囊；4—气囊环；5—顶板；

6、7—螺钉；8—O型环。

图3-10　空气弹簧的结构

空气弹簧悬挂系统主要由空气弹簧、附加空气室、高度控制阀、差压阀及滤尘器等部分组成，如图 3-11 所示。

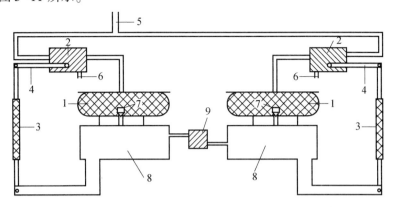

1—空气弹簧；2—高度控制阀；3—高度调整连杆；4—高度调整杠杆；
5—供风管；6—排气孔；7—节流孔；8—附加空气室；9—差压阀。

图 3-11 空气弹簧悬挂系统

其中，为了保证车体距轨面的高度不变，在车体与转向架间装有高度控制阀，调节空气弹簧橡胶囊内的压缩空气（充气、放气或保持压力），使车辆地板面不受车内乘客的多少和分布不均的影响，始终保持水平，并和轨面保持规定的距离。

差压阀是保证一个转向架两侧空气弹簧的压力之差，不超过为保证行车安全规定的某一定值的装置。当左右空气弹簧出现超过规定的压力差时，使压力高的一端空气流向较低的一端，以防止车体异常倾斜。在转向架一侧橡胶气囊破裂时，另一侧橡胶气囊的空气也能泻出，保证车辆仍能在低速下继续安全运行。

图 3-12 解释了高度控制阀如何保持车体距轨面的高度不变的过程。

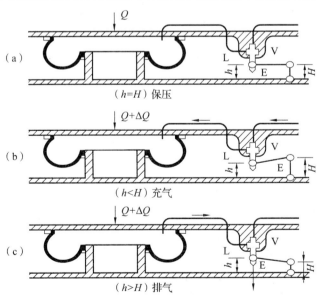

图 3-12 高度控制阀作用原理

在正常载荷位置，即 $h = H$ 时，充气通路 V→L 和放气道路 L→E 均被关闭。

当车体载荷增加时，此时 $h < H$，阀动作，使 V→L 通路开启，压缩空气向空气弹簧充气，直至地板面上升到标定高度（即 $h = H$）为止。

当车体载荷减小时，此时 $h > H$，阀动作，使 L→E 通路开启，空气弹簧向大气排气，直至地板面下降到标定高度（即 $h = H$）为止。

3.5　抗侧滚扭杆

为了缓和车体的侧滚振动，在构架的横梁中穿有一根抗侧滚扭杆（见图 3-13），两端装有力臂杆和连杆，并与车体连接。

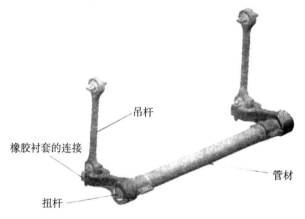

图 3-13　抗侧滚扭杆

抗侧滚扭杆主要由扭杆、扭臂和吊杆组成。扭杆是一根具有一定扭转刚度的弹簧杆，横贯构架横梁，两端装有扭臂，通过吊杆把车底架和扭臂的一端铰接。

当车体发生侧滚振动向一侧倾斜时，在转向架两侧的两力臂杆端部作用有一力偶，使抗侧滚扭杆产生扭转变形，扭杆的抗扭弹性对车体的侧滚振动起着抑制和衰减的作用。

3.6　减振器

减振器分类：常阻尼减振器、变阻尼减振器；垂向减振器、横向减振器、纵向减振器；一系减振器、二系减振器；摩擦减振器、液压减振器。

摩擦减振器：利用摩擦阻力减振，结构简单、成本低，应用于货车（性能不稳定）。

液压减振器：利用液体黏滞力做负功来吸收能量，性能稳定，应用于机车和客车，结构复杂，成本高，维护困难，温度影响大。

摩擦减振器的缺点是摩擦力随摩擦面的状态和改变而变化。液压减振器的主要特点是振幅的衰减量与幅值大小有关，振幅大时衰减量也大，反之亦然。

安装在转向架上的减振器如图 3-14 所示。

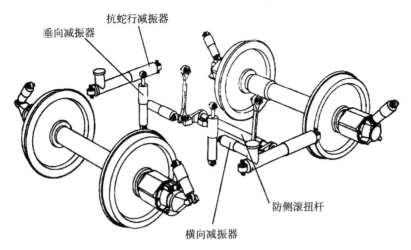

图 3-14　安装在转向架上的减振器

垂向减振器　抗蛇行减振器　防侧滚扭杆　横向减振器

3.7　牵引连接装置

牵引连接装置的作用和要求如下。

（1）能够传递纵向的驱动力和制动力，同时允许二系弹簧在垂向和横向柔软地动作（转向架与车体之间）。

（2）纵向具有适当的弹性，以缓和由于转向架点头、车轮不平衡质量等引起的纵向振动。

（3）结构上应便于车体与转向架的分离和连接。

（4）由于取消了摇枕，因此需安装横向油压减振器、横向缓冲橡胶、空气弹簧异常上升止挡等，部件的安装和拆卸不能增加车体与转向架分离作业的工时。

中央牵引连接装置如图 3-15 所示，其结构是中心销上端用螺栓固定在车体枕梁上，下部插在能够传递纵向动力的构架引梁孔中，能够自如地垂向运动回转。牵引梁与构架横梁之间设有牵引叠层橡胶，它的特征是纵向较硬、横向较软，所以既能有效地传递纵向力，又能随空气弹簧做横向运动。

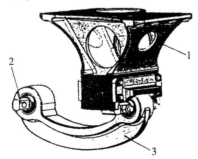

1—牵引座；2—轴；3—减振器。

图 3-15　中央牵引连接装置

3.8　牵引传动装置

　　牵引传动装置是动力转向架所特有的一套装置，非动力转向架没有此装置，动力转向架通过它使牵引电机的扭矩转化为轮对或车轮上的转矩，利用轮轨之间的黏着作用，驱动车辆沿着轨道运行。图 3-16 所示为牵引传动装置结构。

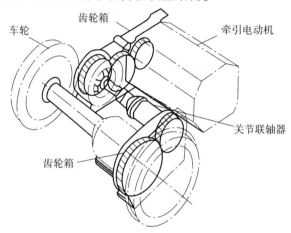

图 3-16　牵引传动装置结构

　　城轨车辆的动力转向架，不论是采用直流牵引电机还是交流牵引电机，均需通过机械减速装置，才能将电机的扭矩转化为轮对的转矩，驱动车辆沿着钢轨运行，而牵引电机的布置形式直接影响着转向架的动力性能。根据牵引电机在转向架上（或车体上）配置的特征，以及电机转轴与转向架轮对之间传动的特征，牵引传动装置大致可分为 6 种结构形式：爪型轴承的传动装置、空心轴传动装置、两轴纵向传动装置、全弹性结构的两轴纵向传动装置、牵引电机对角配置的单轴纵向传动装置和牵引电机置于车体上的传动装置。

3.9　小　结

　　本章主要介绍了城轨车辆转向架的作用和构成，并介绍了构架、轮对与轴箱、弹性悬挂装置、抗侧滚扭杆、减振器、牵引连接装置、牵引传动装置等主要部件的结构。

复习思考题 ▶▶ ▶

　　3-1　简述城轨车辆转向架的组成部分及其作用。

　　3-2　简述城轨车辆的车轮踏面呈锥形的原因。

　　3-3　解释一系悬挂与二系悬挂。

　　3-4　高度控制阀如何保持车体距轨面的高度不变？

　　3-5　轴箱的结构与作用是什么？

　　3-6　到车辆实训室测量转向架及车轮各尺寸，并利用 AutoCAD 软件绘制其三视图。

第4章
制动系统

4.1 概 述

4.1.1 制动的概念

人为地制止列车运动,包括使其减速、阻止其运动或加速运动,均可称为"制动"。制动包含三层含义:人为地使列车减速或停止;防止在下坡道运行时自动加速;为防止溜车而施行的停放制动。反之,对已施行制动的列车,解除或减弱其制动作用,均称为"缓解"。

为使列车能实现制动和缓解而安装在列车上的一整套设备,总称为"制动装置"。常用的是空气制动装置,它从结构上可分为制动机和基础制动装置两个组成部分。制动机是产生制动原动力并产生制动力的部分,如盘形制动装置中的制动夹钳。

由制动装置产生的与列车运行方向相反的外力称为"制动力",它是人为的阻力,比列车运行中由于各种原因自然产生的阻力要大得多。所以,尽管在制动过程中,列车运行阻力也起作用,但起主要作用的还是列车制动力。

从列车开始制动,到其完全停下所驶过的距离称为"制动距离"。它是综合反映列车制动装置性能和实际制动效果的主要技术指标。有时也采用制动(平均)减速度作为评价指标,两者的实质是一样的。

4.1.2 城轨车辆制动装置的特点和要求

(1) 城市轨道交通的站距很短,一般为 1~1.5 km。要求其制动装置具有操纵灵活、动作迅速、停车平稳准确、制动率及制动功率相对较大等特点。

(2) 城市轨道交通的客流量波动大,要求制动装置应具备在各种载荷工况下自动调整车辆制动力的性能,使车辆制动率基本不变,从而实现制动的准确性和停车的平稳性。

(3) 城轨车辆在部分车辆甚至全部车辆上具有独立的牵引电机,具有电制动性能,需要与空气制动协调配合。

（4）城轨车辆一般运行在人口稠密地区，并用于承载旅客，行车安全非常重要，要求具有紧急制动性能。

图 4-1 表示列车从甲站出发，经起动、匀速运行和制动工况在乙站停车的过程。在一定制动能力的保证下，城轨车辆从图中点 A 开始减速进站。如制动能力不足，则必须从点 A′就开始制动，从而延长了制动距离，影响了行车效率；若想在原有的减速距离内停车，则列车运行的速度在起动阶段只能提升至点 A″的水平。列车的制动能量和速度成平方关系，能力强大的制动装置对于保证全速运行有着至关重要的意义。

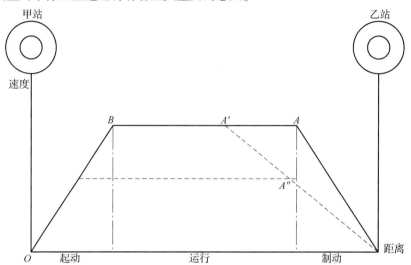

图 4-1 列车制动能力对速度的影响

4.1.3 制动的种类

1. 常用制动

常用制动是正常情况下为调节、控制列车速度或进站停车所进行的制动。其特点是作用比较缓和，且制动力可以调节，通常只用列车制动能力的 20% ~ 80%，多数情况下只用 50% 左右。

2. 非常制动

非常制动是紧急情况下为使列车尽快停住而进行的制动。其特点是把列车制动能力全部用上，且作用迅猛，制动力为最大常用制动力的 1.4 ~ 1.5 倍。非常制动有时也称快速制动。

3. 紧急制动

紧急制动也是在紧急情况下采取的制动方式，特点与非常制动类似。它与非常制动的区别在于：非常制动一般为电空联合制动，也可以是空气制动；而紧急制动则只有空气制动作用。

4.2 制动方式的分类

制动方式有多种分类标准，主要介绍如下 3 种。

4.2.1　按动能的转移方式分类

列车制动过程中动能的转移方式包含两层含义：一是"转"，即将列车动能转化为何种其他形式的能量；二是"移"，即如何将转化出的其他形式的能量消耗掉。以闸瓦制动为例，"转"就是将列车动能通过闸瓦与车轮踏面的摩擦转化为热能。"移"就是将由动能转化出的热能耗散于大气。按动能的转移方式分类，制动方式主要有以下几种。

1. 闸瓦制动

闸瓦制动装置实物如图 4-2 所示，原理如图 4-3 所示。空气制动机制动缸的制动作用力，经过基础制动装置均衡地作用于每个车轮的闸瓦。基础制动装置由制动杠杆、拉杆、制动梁、闸瓦等组成，基础制动装置除了传递制动缸的制动力外，还有放大制动力的作用。

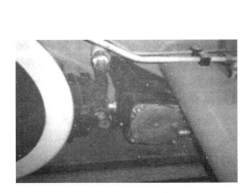

图 4-2　闸瓦制动装置

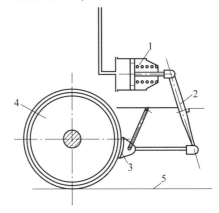

1—制动缸；2—基础制动装置；3—闸瓦；4—车轮；5—钢轨。

图 4-3　闸瓦制动原理

2. 盘形制动

盘形制动是在车轴或车轮辐板侧面安装制动盘，用制动夹钳使两个闸片紧压制动盘侧面，通过摩擦产生制动力，将列车动能转变成热能，消散于大气。盘形制动装置结构原理如图 4-4 所示。图 4-5 为盘形制动装置的制动夹钳装置实物图。

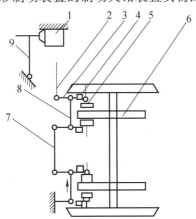

1—制动缸；2—拉环；3—水平杠杆；4—缓冲弹簧；5—制动闸片；
6—制动盘；7—中间拉杆；8—水平杠杆拉杆；9—转臂。

图 4-4　盘形制动装置结构原理

图 4-5　制动夹钳装置实物图

与闸瓦制动相比，盘形制动有下列主要优点：

（1）可大大减轻车轮踏面的热负荷和机械磨耗；

（2）可按制动要求选择最佳摩擦副；

（3）制动平稳，几乎没有噪声。

3. 电阻制动

电阻制动在城轨车辆上大量应用。在使用直流牵引电机进行驱动车辆时，它是在制动时将原来驱动轮对的自励牵引电动机改变为他励发电机，由轮对带动发电，并将电流通往专门设置的电阻器，采用强迫通风，使热量消散于大气而产生制动作用。

4. 再生制动

与电阻制动相似，再生制动也是将牵引电动机变为发电机；不同的是，它将电能反馈回电网，使本来由电能变成的列车动能再生为电能，而不是变成热能耗散掉。

显然，再生制动比电阻制动更加经济，因此，再生制动是目前主流的制动方式。

5. 磁轨制动

磁轨制动的工作原理是在转向架的两侧、轨道上方各安装一个电磁铁，制动时将它放下并利用电磁吸力紧压钢轨，通过电磁铁上的磨耗板与钢轨之间的滑动摩擦产生制动力，把列车动能变为热能耗散于大气，如图 4-6 所示。

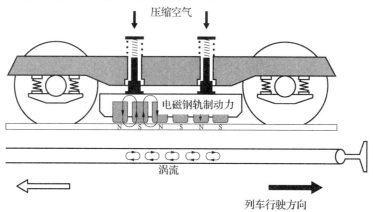

图 4-6　磁轨制动的工作原理

磁轨制动的制动力不是通过轮轨黏着产生，自然不受轮轨间黏着力的限制，因而能在黏着力以外再获得一份制动力。与其他制动方式配合，可共同产生较高的制动力，在紧急制动时使用，可满足较高速度城轨车辆对制动距离的要求。

6. 轨道涡流制动

轨道涡流制动与磁轨制动相似，也是把电磁铁悬挂在转向架同侧的两个车轮之间。不同的是，电磁铁在制动时只下放到离轨面数毫米处，而不与钢轨接触，利用电磁铁和钢轨相对运动时产生的电磁吸力作为制动力。电磁铁和钢轨的相对运动使钢轨感应出涡流，从能量的角度来看，轨道涡流制动就是将列车的动能转换为电能，再转换为热能耗散于大气。

4.2.2　按制动力的形成方式分类

先介绍黏着状态的概念：列车制动时，车轮与钢轨的接触处既非静止，亦非滑动，车轮在钢轨上滚动的同时又有滑动的趋势，这种状态称为黏着状态。

按照制动力的形成方式分类，制动方式可分为黏着制动和非黏着制动。前者是通过轮轨间的黏着作用产生制动力，且制动力的最大值受黏着力的限制；一旦轮轨间的作用力超过了轮轨黏着的限制，就会产生滑行现象。而非黏着制动方式则无需通过轮轨黏着产生制动力，其制动力的大小自然也就不受其限制。

在上述制动方式当中，除磁轨制动和轨道涡流制动外，其他方式一般属于黏着制动。

4.2.3　按制动力的操纵控制方式分类

按制动力的操纵控制方式分类，制动方式可分为空气制动、电空联合制动和电制动 3 类。

1. 空气制动

空气制动可分为直通式空气制动和自动式空气制动两种，前者是较早出现的空气制动方式。直通式空气制动机的结构如图 4-7 所示。

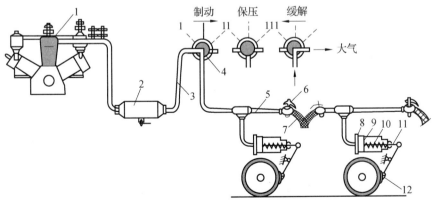

1—空气压缩机；2—总风缸；3—总风缸管；4—制动阀；5—制动管；6—折角塞门；7—制动软管连接器；
8—制动缸；9—制动缸活塞；10—缓解弹簧；11—制动缸活塞杆；12—闸瓦。

图 4-7　直通式空气制动机的结构

空气压缩机（风泵）产生压缩空气送入总风缸储存，通过将制动阀置于不同的位置，可使总风缸内的压缩空气由制动管充入各车的制动缸，或将制动缸内的空气通过制动管由制动阀排向大气，以实现全列车的制动、保压和缓解。

直通式空气制动机的特点是制动管直接通向制动缸，制动管增压制动，减压缓解。其优点是构造简单，操纵灵活方便；既有阶段制动，又有阶段缓解。其缺点是当列车发生分离事故，制动软管被拉断时，将彻底丧失制动能力；而且，列车前后部制动和环节发生的时间差大，会造成较强的纵向冲击，不适于编组较长的列车。因此，列车的制动操纵后来就改用了自动式空气制动机，其结构如图4-8所示。

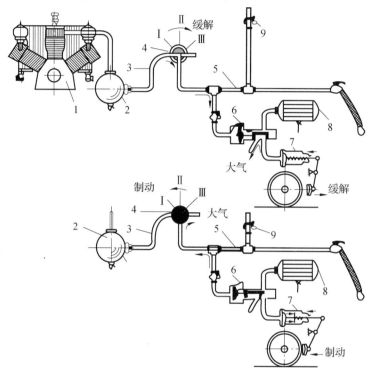

1—空气压缩机；2—总风缸；3—总风缸管；4—制动阀；5—制动管；
6—三通阀；7—制动缸；8—副风缸；9—紧急制动阀（车长阀）。

图4-8 自动式空气制动机的结构

与直通式空气制动机相比，自动式空气制动机在每辆车上多装了三通阀（或称分配阀）和副风缸。制动阀通过控制制动管的增减压使三通阀动作，实现全列车的缓解和制动，即制动缸的压缩空气由三通阀排大气（同时，制动管的压缩空气充入副风缸），或副风缸内的压缩空气由三通阀充入制动缸。

自动式空气制动机的特点与直通式空气制动机恰好相反，它是制动管增压缓解，减压制动。其优点是当列车发生分离事故，制动软管被拉断时，列车可自动地产生制动作用；且由于各制动缸都是由本车的副风缸供气，缓解时各制动缸的压缩空气也都是从本车的三通阀处排出，因此全列车制动和缓解的一致性较好，大大缓解了列车的纵向冲击。

2. 电空联合制动

地铁车辆一般采用电空联合制动方式，以常用制动为例，当列车控制系统发出制动指令后，首先采用的是再生制动，将再生制动产生的电能反馈给接触网；当列车的速度下降到一个较低的水平或当接触网的电压值达到限值的时候，开始采用电阻制动；当列车的速度继续下降到一定速度时，电制动力开始退出，空气制动逐步代替电制动，在列车停止后，列车制动系统再自动对列车施加一个保持制动。该过程如图 4-9 所示。

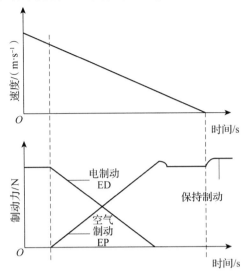

图 4-9　电空混合制动过程

图 4-9 所示仅为电空联合制动中，速度变化曲线的理论情况。实际上，电制动力退出，空气制动的补偿是有一个过程的，这样才能保证列车以恒定的减速度平稳地停下来。在实际应用中，系统响应时间、机械动作、物理特性等原因，会造成列车制动过程中的速度变化曲线不可能达到理论情况。制动系统设计上追求的就是尽量使实际的列车速度变化曲线趋近于理论曲线。

3. 电制动

操纵控制和原动力都用电的制动方式称为电磁制动，简称电制动。电制动因能够提供强大的制动力和其他诸多优点，已成为各种形式城轨车辆的主要制动方式。

4.3　我国常用的电空制动机

空气制动机以压力（压缩）空气作为制动的动力和操纵制动的介质，通过压力空气的变化来操纵制动力的大小。如前面小节所介绍的，空气制动机有自动式空气制动机和直通式空气制动机两种。直通式空气制动机目前已淘汰，目前较常用的为自动式空气制动机。

自动式空气制动机可以在司机或其他控制装置（如 ATP、ATC 等）的控制下，产生各种制动作用。城轨车辆用的制动机，一般选用电空制动机。它的特点是实施制动时，空气制动和电气控制作用同时产生。电空联合制动比单纯的空气制动反应灵敏，易于实现自动控制，且当电气控制失效时，空气制动仍能发挥作用，保证了列车运行的安全。

我国城轨车辆一般选用自行研制的 DK 型电空制动机、SD 型数字式电空制动机及目前国内外大量使用的数字式和模拟式电空制动机。

下面介绍常用电空制动系统。

1. DK 型自动式电空制动系统

我国城轨车辆制动技术的起源可追溯到 20 世纪 60 年代北京修建的第一条地铁线，我国自行设计制造了地铁列车，鉴于当时的技术条件，在该列车上采用了 DK 型自动式电空制动系统。该系统基础制动装置为踏面制动，技术脱胎于干线旅客列车的 LN 型制动机。主控机构先期直接采用 GL3 型三通阀，20 世纪 60 年代末又设计了膜板分配阀，操作灵活性和可靠性有所提高。该制动系统在电阻制动和空气制动的匹配上采用切换式，因而制动力控制性能较差。

2. SD 型数字式气压计算型电空制动系统

随着晶闸管斩波技术的发展，城轨车辆逐步采用斩波控制动力制动（再生制动或电阻制动），但采用这种控制技术时制动力在制动初期上升较慢，列车快速停车时又衰减较快，需要空气制动力做及时补充。其原理如图 4-10 所示。

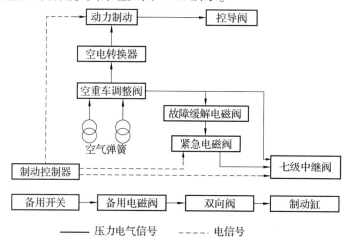

图 4-10　SD 型数字式气压计算型电空制动系统原理

该制动系统由制动控制器、空重车调整阀、七级中继阀、控导阀、空电转换器、紧急电磁阀、备用电磁阀、双向阀、故障缓解电磁阀等组成。

制动控制器在司机的操纵下向动力制动控制单元和七级中继阀发出相应的制动或缓解指令。空重车调整阀相当于一个称重装置，它根据空气弹簧压力的大小而输出相应压力的压力空气，再经由七级中继阀的作用，来调整进入制动缸的空气压力，使车辆保持恒定的制动力。七级中继阀是一个气压控制器，它根据制动控制器的指令，可产生 7 种不同的常用制动压力值和 1 种紧急制动压力值，并根据控导阀给出的信号自动减去相应于动力制动的压力值。控导阀用来将电制动力的信号变为相应的空气压力信号输入七级中继阀里。空电转换器把车辆载重变化的信号转变为电信号输送到动力制动和牵引系统，使动力制动和牵引电流能与车辆载重相适应。紧急电磁阀是为保证安全而设置的，当施行紧急制动或制动系统发生故障以及发生列车意外分离时，此电磁阀便因失电而动作，并通过七级中继阀发生紧急制动作用。备用电磁阀用于正常制动系统发生故障时，操纵列车制动、缓解，保证列车能继续运行。双向阀是为正常制动系统与备用系统转换使用而设置的一个切换阀。故障缓解电磁阀是在正常制动系统发生故障而施行紧急制动后，为改用备用制动系统，对列车制动机施行缓解的装置。

该制动系统与 DK 型自动式电磁空气制动系统相比，在动力制动与空气制动的配合、制动和缓解的一致性，以及与列车自动控制装置的接驳等性能上具有明显优势。但由于其属于数字式气压控制类型的特点，决定了它在制动力的精确控制、动力制动能力的充分运用上存在着改进的余地，而且在实践中，控导阀的性能受材料和工艺的影响极大。

3．AR12 电气控制型模拟指令式制动系统

AR12 电气控制型模拟指令式制动系统原理如图 4-11 所示。该系统由制动控制器、编码器、解码器、EP 单元、中继阀、台车中继阀等组成。

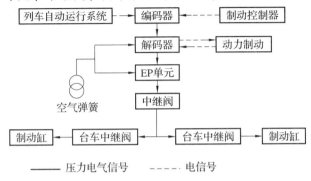

图 4-11　AR12 电气控制模拟指令式制动系统原理

制动控制器是司机操纵列车进行制动或缓解作用的装置。它与列车自动运行系统一样，发出数字量信号给编码器。编码器接收到该信号后转换并输出相应的脉宽调制信号到每辆车的解码器。解码器除接收来自编码器的指令外，还接收来自空气弹簧的压力信号；然后由逻辑电路得出所需的制动力，输出电制动指令到动力制动装置，同时接收动力制动装置反馈的实际电制动力信号；再由逻辑电路输出一个相应的电信号去控制 EP 单元。EP 单元主要有 EP 阀、紧急制动电磁阀和紧急负载切换阀。EP 阀在解码器的控制下产生常用制动预控压力信号；紧急制动电磁阀在列车紧急制动线或解码器的控制下产生紧急制动压力信号；紧急负载切换阀根据空气弹簧压力值限制紧急制动电磁阀产生的紧急制动压力信号，使其与车重相适应。中继阀接受 EP 单元的压力信号，流量放大后送至台车中继阀。台车中继阀进一步进行流量放大后控制制动缸的制动或缓解。

该制动系统采用了电气控制和模拟信号传递，因此可以做到动力制动与空气制动的连续配合，制动力控制更为方便。但由于该制动系统采用电子逻辑电路进行控制，因此难以实现拖车利用动车电力制动，并且系统的通用性不强，尤其是它不能实现故障的实时监控。

4．微机控制直通电空制动系统

20 世纪 90 年代后，我国出现了修建城市轨道交通的高潮。除了长春轻轨车辆的制动系统采用了 AR12 电气控制型模拟指令式制动系统外，其他城市轨道车辆的制动系统均采用国外引进的制动系统，主要有德国 Knorr 和日本 Nabco 等公司的产品。这些制动系统均采用了微机控制直通式电空制动系统，其制动控制器（有可能与牵引控制器合二为一）或列车自动运行系统给出制动或缓解指令至调制及逻辑控制器，在不同系统该指令采用的信号不同。有采用模拟信号的，也有采用数字信号的。调制及逻辑控制器将指令转换成脉宽调制信号传递（也有系统将其上网，通过列车网络传递）或直接传递（数字信号）到每辆车的微机制动控制单元。微机制动控制单元根据指令及车重计算所需的制动力，并充分利用动力制动能力的原则发出动力制动和空气制动指令；同时，它还对制动系统进行实时监测，并将检测结果通过列车网络传送给相应的系统；此外，还检测轮对速度，对防滑阀进行控制，以防止车辆滑行。气制动控制单元由气动元件组成，它负责将空气制动指令转换成相应的制动缸压力控制信号，同时将相关压力转换成电信号反馈给微机制动控制单元。

4.4　我国城轨车辆制动技术的现状

随着我国城市轨道交通的快速发展，很多城市都已经建设或正在建设地铁。这些地铁线路上城轨车辆的制动系统大都采用微机控制直通电空制动系统，原理基本相同，但在具体的实施方法上有所区别。

1. Knorr 公司的城市轨道车辆制动系统

以上海和广州 1、2 号线为代表的德国 Knorr 公司的城轨车辆制动系统，它是目前国内 A 型车上运用最广的制动系统。该系统为模拟式制动系统，制动指令采用 PWM 信号或网络信号，它们被传递到每个车辆的微机制动控制单元。微机制动控制单元一般单独设置在车厢内。而气制动控制单元由两块气动集成板和风缸等组成，分别固定在车辆底架下，系统结构紧凑。目前，深圳、南京地铁车辆和大连轻轨车辆均采用了该制动系统。

2. Nabco 公司的 HRDA 型制动系统

以北京、天津为代表的 B 型车较多采用日本 Nabco 公司的 HRDA 型制动系统。该系统为数字式制动系统，即常用制动指令采用 3 根指令线编码，共 7 级。微机制动控制单元与气制动控制单元集成在一起，固定于车辆底架下面。由于采用了流量比例阀进行 EP 控制，因此气制动控制单元较为简单。该制动系统批量采购价相对较低，在武汉轻轨和重庆独轮轨等项目上也采用了此制动系统。基础制动根据车辆的不同有所区别。

3. 原英国 Westinghouse 公司的直通电空制动系统

以上海 3、5 号线为代表的原英国 Westinghouse 公司（现已被 Knorr 公司收购）的微机控制直通电空制动系统，按整车模块化原则设计，集成度较高。它将微机制动控制单元、气制动控制单元、风缸、风源等除必须安置在转向架附近的部件外，全在一个安装架上集成安装，方便运用维护。该系统同样采用 PWM 信号传递制动指令，为模拟式制动系统。EP 转换采用 4 个开关电磁阀闭环控制的方法。

以上三种形式制动系统的特点如表 4-1 所示。

表 4-1　国内主要城市轨道交通车辆制动系统的特点

系统特点	制动系统		
	德国 Knorr 公司制动系统	日本 Nabco 公司 HRDA 型制动系统	原英国 Westinghouse 公司制动系统
特征	微机控制模拟式直通电空制动系统	微机控制数字式直通电空制动系统	微机控制模拟式直通电空制动系统
指令方式	模拟式：PWM 或网络	数字式：三线编码 7 级指令	模拟式：PWM
动力与空气制动配合	充分利用动力制动能力，一个编组单元内连续配合（上海 1 号线除外）	充分利用动力控制能力，一个编组单元内连续配合	充分利用动力控制能力，一个编组单元内连续配合

续表

系统特点	制动系统		
	德国 Knorr 公司制动系统	日本 Nabco 公司 HRDA 型制动系统	原英国 Westinghouse 公司制动系统
常用制动 EP 方式	制动、缓解各一个模拟阀闭环控制	一个流量比例阀闭环控制	制动、缓解各两个开关阀闭环控制
空重车调整	常用制动：空气弹簧采样，微机计算 紧急制动：限压阀根据空气弹簧压力限压	常用制动：空气弹簧采样，微机计算 紧急制动：限压阀根据空气弹簧压力限压	常用制动：空气弹簧采样，微机计算 紧急制动：限压阀根据空气弹簧压力限压
紧急制动	单独回路控制，失电制动，纯空气制动	单独回路控制，失电制动，纯空气制动	单独回路控制，失电制动，纯空气制动
防滑控制	动力制动与空气制动分别控制	动力制动与空气制动分别控制	动力制动与空气制动分别控制
系统结构	微机控制制动单元安装于车厢内；气制动单元集成化，从广州 2 号线开始模块化设计	制动微机控制单元和制动气动控制单元集成一个机箱中	系统模块化
故障检测	车辆控制系统具有故障诊断、故障存储及故障显示功能，同时通过网络或总线进行集中监控	车辆控制系统具有故障诊断、故障存储及故障显示功能，同时通过网络或总线进行集中监控	车辆控制系统具有故障诊断、故障存储及故障显示功能，同时通过网络或总线进行集中监控

除以上三种形式外，Knorr 公司还推出一种基于转向架控制的制动系统 EP2002。该制动系统的突出优点是配合转向架控制的牵引系统可充分地利用动力制动能力，并在制动系统故障时制动力切除单位较小（一个转向架）。广州三号线采用该系统（不在本书中详述）。

4.5 小 结

本章主要介绍了制动的定义及城轨车辆制动的特点，重点阐述了车辆制动方式的分类，我国常用的空气制动机结构类型、构成，以及城轨车辆制动技术的发展现状。

复习思考题

4-1 常用的制动方式有哪些？简述其划分依据。
4-2 简述再生制动的工作原理。
4-3 常用的制动机种类有哪些？
4-4 简述自动式空气制动机的工作原理。
4-5 简述国内主要城轨车辆制动系统的特点。

第5章
城轨车辆设计技术

5.1 车辆设计概念

本章主要给出机车车辆设计的相关技术，城轨车辆作为机车车辆的一种，也要遵守下述原则及技术。

1. 现代化工业产品设计的概念

工业设计是一种创造性行为，目的在于决定产品的正式品质，它是以客观、科学的方法来从事工业新产品的开发工作。所谓正式品质，除了产品的外形和表面特点外，更重要的是产品的结构和功能，应使生产者和消费者都能满意。

工业产品设计的主要内涵：

（1）是一种创造性活动，核心是创造性，没有创新，就不必设计；

（2）是一个优化过程，是在特定的条件下，针对目标谋求最优解的过程；

（3）是把先进技术转化为生产力的手段；

（4）是技术性、经济性、社会性、艺术性的综合产物；

（5）是满足需求而进行的一种创造性思维活动的实践过程；

（6）是通过分析、创造和综合，创造性地建立满足特定功能要求的技术系统的活动过程。

总之，设计是为了满足人类与社会的功能要求，将预定的目标通过人们创造性思维，进行一系列规划、分析和决策，产生载有相应的文字数据、图形等信息的技术文件，以取得最为满意的社会和经济效益。

2. 现代化工业产品设计特征

（1）需求特征——设计为了满足需求。

（2）创造性特征。

（3）程序特征。

车辆设计程序：产品规划—车辆原理方案设计—技术设计—施工设计。

3. 传统设计方法和现代设计方法比较

1）传统设计方法

传统设计是以经验总结为基础，以力学和教学计算方法而形成的经验公式、图表、设计手册等为依据，通过经验公式、近似系数或类比方法进行设计，现在大部分车辆工厂仍在采用。

利用设计者的直接或间接的经验，通过类比或经验公式来确定方案，对于特别重要的设计或者计算工作量不太大的设计，有时可以通过拟订的几个方案来做计算比对，按一定的标准选取，最后绘图和整理设计说明书。

该方法特点如下：

（1）偏重于经验的概括和总结，可能会忽略一些非主要或者难解的因素，因而造成设计结果的近似、不确切，或者失误。

（2）在信息处理，参量的设计和选取，经验或状态的存储和调用方面，都利用手工进行解算和图纸的绘制。

（3）对技术和经济、技术与美学等方面良好的统一，存在一定的差距，现在的车辆设计工作由车辆设计师、经济师、车辆美工设计师、工艺师共同完成。

（4）有局限性：设计者的经验决定方案的优势。

该方法主要特征：分析计算时，由于受到计算工具、技术水平的限制，主要作简化（动态变为静态），并加入修正系数，使得计算精度下降；设计工作时间较长，效率低，成本高。

2）现代设计方法

现代设计是在传统设计的基础上发展起来的，它继承了传统设计的精华，与传统设计相比，它是一种以动态分析、精确计算、优化设计和 CAD 为特征的设计。现代设计的内容主要包括：优化设计、可靠性设计、计算机辅助设计、动态设计、有限元法、工业艺术造型设计、人机工程、并行工程、价值工程、反求工程设计、模块设计、相似性设计、虚拟设计、疲劳设计、人工神经元计算等。

该方法特点如下：

（1）设计对象由单机走向系统。

（2）设计要求由单目标走向多目标。

（3）设计涉及的领域由某一领域走向多个领域。

（4）产品更新速度加快，要求设计速度加快。

（5）设计的发展适应科技发展，特别是适应计算机技术发展和先进的工艺水平。

该方法主要特征：动态分析、精确计算、优化设计、CAD。

4. 现代车辆设计和开发技术思路

采用等强度设计、等寿命设计、目标寿命设计、可靠性设计等先进的设计理念和设计方法来保证产品的先进性、适用性和可靠性。研究模块化设计在货车设计上应用的可行性，积极发展计算机仿真技术，建立我国铁路客货车各类实际工况条件下的动态仿真模型，为产品设计提供依据。

产品应采用大型三维软件设计，建立三维数据库，组装三维电子样机，实现干涉检查、动态仿真。对主要零部件进行有限元计算，应用断裂力学理论和动应力测定估算零部件的疲劳寿命。利用三维主模型进行工艺、工装、模具及数控加工程序设计。

对产品开发全过程实行产品数据管理与过程管理，包括文档管理、产品结构配置管理、零件库管理、数据流程管理和变更过程管理，从而实现产品开发过程集成和数据集成及团队化设计。

5.2 机车车辆总体设计原则及内容

机车车辆总体设计是机车车辆生产的第一道工序，机车车辆设计图纸和技术文件直接表达了产品的技术水平和对产品的质量要求，规定了产品的性能和使用维修条件，是组织机车车辆生产的主要依据之一。设计人员应深入实际，广泛调查研究，掌握使用、修理、生产、试验等第一手资料，按设计技术任务书的要求精心设计、精心施工。

5.2.1 机车车辆总体设计原则

机车车辆总体设计的基本原则应符合我国的国情、路情，适应我国经济发展水平，在使用新材料中考虑采用铝型材、不锈钢、玻璃钢等，同时也应符合生产厂家的生产条件，包括厂房、设备、工艺技术水平等，不断用新工艺取代旧工艺，使新结构的采用成为可能。另外，还应符合我国车辆技术发展水平和铁路技术政策，如大运量、快速、提高舒适度等。机车车辆总体设计的具体原则如下。

（1）设计应当满足对机车车辆所提出的基本要求，这些要求包括必须保证车辆具有合适的技术经济参数、车辆与线路相互作用的条件、运行的安全性、结构的运行可靠性和耐久性。此外，还应考虑车辆限界、允许轴重、车钩纵向中心线距轨面的高等因素。

（2）设计要做到方便使用，便于维修、制造，注意美观和舒适，采用具有高安全性、高可靠性和良好乘坐舒适性的结构和技术参数，经济合理，技术先进。应采用具有现代化气息和时代感的全新动车组设计方案。

（3）设计要积极采用和发展新技术、新工艺、新材料。要贯彻一切通过试验的原则，要考虑成批生产的可能性。学习和借鉴国外的先进技术和经验要同创新相结合。

（4）对机车车辆新产品设计、已有产品改进设计等，都必须经过试制、试验，特别是运用试验，以便充分暴露问题，予以改进，使设计切合实际。对于产品的改进设计，要做到既要有所改进、有所提高，又要在制造和维修中保持相对的稳定。

（5）选用材料的规格、牌号力求简单、统一，要立足国内市场供应。

（6）必须重视产品的标准化、通用化、系列化、模块化、信息化的概念。设计中应尽量采用标准件、通用件，简化配件规格。凡影响通用性、互换性的新设计或改变设计均必须慎重考虑。

（7）节省能源和轻量化设计，适应环境影响的各种要求设计。

在进行机车车辆总体设计时，需同时制订设计规划书，其主要内容包括设计指导思想、主要参数、各部采用的结构及其互相关系。设计规划书中应提出质量控制及在平面布置图中无法反映的各种要求，以作为各零部件具体结构设计的依据。采用新材料时，应进行经济性能分析，并考虑加工组成性能等。

5.2.2 机车车辆总体设计内容

机车车辆总体设计确定了机车车辆的组成方式、牵引与制动性能、结构方式、规格尺寸、主要参数和性能等，基本上决定了车辆设计的主要内容，对车辆使用性能、结构形式、各种设备的布置、主要参数等作出原则性确定。机车车辆总体设计前要收集同类型机车车辆在运用、检修、制造上存在的问题和有关图纸资料，如结构图纸、计算资料、试验报告等。要了解国内外机车车辆先进机构、先进技术等，以便为设计提供依据和参考。机车车辆总体设计是机车车辆设计的关键性环节，具体设计内容如下。

（1）确定机车车辆的组成方式、牵引与制动性能、结构形式、主要参数和性能等。

（2）选好标注部件和专业部件，如转向架、牵引电机、车钩缓冲装置等。

（3）绘制机车车辆、各车辆总图和断面图，包括客车平面布置图、立面布置图、梁柱布置图及车外设备的布置图；进行质量均衡估算；确定各组成部分的尺寸和位置。

（4）考虑特殊零部件的结构形式、主要尺寸；活动部件的运动范围分析；确定部件间连接形式或安装方式等。

（5）制订各主要组成部件的设计要求。

①车体结构组成：车体及各主要组成的结构形式和设计要求；关键性梁柱的断面形状和尺寸；结构的材质和要求；质量控制；内墙板、地板、车顶内顶板和间壁的材质、色调和特殊要求等。

②转向架：对新开发设计转向架，应提出转向架的设计技术任务书。转向架的结构形式主要取决于弹簧悬挂装置、牵引电机和齿轮传动装置、制动装置的组成及布置，如采用现有转向架，应指明型号，以便为车体和制动装置等部件设计时提供资料。

③牵引电机与齿轮传动装置：牵引电机的选择与安装方式（架悬式或体悬式），与齿轮传动装置的连接方式等。

④制动系统：高速运行的机车车辆必须采用能提供强大制动力并更好利用黏着的、由多个子系统组成的复合制动系统；电制动、基础制动等主要型号和结构形式；制动装置部件和制动管路的布置和设计要求等。

⑤车钩缓冲装置：车钩类型、缓冲器形式和风管连接器的型号。

⑥车内设备：客车的门窗、桌椅、行李架等的设计要求和美工工艺、材质等。

⑦客车给水、采暖、卫生和空调设备：水箱的容量、数量、形式和安装位置；采暖设施的结构类型；洗脸盆、洗手器、便器形式和控制系统。

⑧辅助电气设备：辅助整流装置、蓄电池、充电机的型号；照明灯具和其他用电器具的结构形式；其他特殊的电气设备，如列车播音、电视、显示器等的设计要求。

（6）协调和解决各组成部件在设计中出现的矛盾和问题。

（7）车辆的美工造型是机车车辆设计过程中不可缺少的组成部分，通过美工造型使车辆新结构在功能、运用、工艺的美学上都达到最佳效果。

（8）各种有关的分析计算工作，如系统动力学、空气动力学、强度、刚度、性能参数等的分析计算等。

（9）对车辆的某些部件应广泛采用试验研究的方法，广泛采用模型试验和计算机辅助设计。

在机车车辆总体设计中，必须认真贯彻接触车辆产品设计的各项原则，如结构简单、合理，性能先进，经济耐用，运行安全，便于使用、检修和制造，要积极采用和发展新技术、新工艺、新材料，尽量采用标准化设计，并使车辆断面和平面布置美观大方、布局敞亮、舒适。

城市轨道交通车辆课程设计

机车车辆总体设计应注意的问题如下。

（1）车下设备（如制动、电气、供水、空调等设备及管路）的布置，应便于使用、检修和维护。车下设备的布置应尽量合理，各种设备不准与车辆走行部分相碰，尤其在通过最小半径曲线时。

（2）对安装动力机械（如电机）的车辆，应考虑车体底架设备悬挂梁的刚度和振动频率，适当采取隔振、防振和消音措施。

（3）质量配置应均衡，特别要注意较重设备或集中载荷的均衡布置。设计时，须对全车进行质量均衡的概略计算，以确保车内设备及各种装置的布局对车体偏重的影响。进行均衡计算时，应考虑空车和重车两种情况，如偏重过大，应对各种设备安装位置进行适当的调整。

（4）对于车内平面布置，既要充分利用车内空间，又要互不干扰，应在有限的空间内，使布置合理、匀称。

5.3 车体结构设计

车体结构设计中应注意的问题：
(1) 保证具有足够的强度和刚度；
(2) 为降低能耗、减少轮轨作用力，车辆采用轻量化设计；
(3) 注意标准化、系列化和通用化；
(4) 具有良好的结构工艺性；
(5) 从被动安全性考虑，为了降低车辆碰撞事故的损失，高速列车车体需采用耐撞性设计；
(6) 为了减小空气阻力，高速列车车体外形需设计出流线型。

1. 车体的总体设计

车体的总体设计是根据设计任务书进行的，其内容主要包括车体外廓尺寸的确定、车体平面和断面布置，以及给水、暖气、电气设备结构方案的选定、布置、车内美工设计等。

车体的总体设计原则上决定了所设计机车车辆的主要参数、结构形式、使用性能（舒适性和安全性等）及经济型。因此，车体的总体设计是机车车辆车体设计的关键性环节之一，必须全面、细致地考虑。

进行车体的总体设计时，应贯彻使车体的平面和断面布置能体现经济、实用、舒适、美观的原则，须全面、细致地考虑。主要包括：车体外廓尺寸的确定；车体平面布置；车体断面布置；车下布置。

2. 车体结构各组成部件的设计

当总体设计和车体结构的布置及界面尺寸确定以后，车体上的组成部件（底架、车顶和端墙等）的具体设计工作也就开始了。各组成部件应根据总体设计的结构和安装要求，确定各相关尺寸和安装尺寸，并根据部件组装的要求，确定各组成部件之间的连接（节点）形式，最后在图纸上完整无缺地表示出来，车体结构的设计工作才算最后完成。

3. 机车车辆车体结构用材及制造工艺

世界各主要国家在开发高速列车车体结构时，都在选用新材料和新工艺上进行了大量工作，以期达到减轻质量的目的。采用的车体材料主要有碳素钢、不锈钢和铝合金 3 种。铝合金车体具有以下优势：制造工艺简单，节省加工费用；减重效果好；良好的运行品质；耐腐蚀，维修费降低。

4. 车体作用载荷及结构强度设计规范

车体需要承受旅客的重力和各种机件的重力，在运用中还要承受纵向、横向、垂向、扭转和气密载荷等动态载荷的作用，这些载荷往往与线路条件、司机操纵和列车动力学品质相关，具有很强的随机变动特性。车体结构设计上需要考虑这些准静态及动态载荷的单独或联合作用，需要校核以下 3 个方面的设计问题。

（1）强度设计：车体结构应有足够的强度储备，以保证其有足够的可靠性与使用寿命。

（2）刚度设计：车体结构应有足够的弯曲刚度，以使装在其上的有关机件之间的相对位置在机车车辆运行过程中保持不变，并避免刚度不足引起的振动和噪声，提高乘坐舒适度。

（3）稳定性设计：必要时应校核车体结构的稳定性，以避免结构失稳破坏或蒙皮起皱等。

解决上述机车车辆车体结构设计问题，目前普遍采用有限元分析和试验验证的方法，并形成了欧洲、北美洲、日本为代表的车体结构设计规范（EN12663、AAR M-1003 和 JIS E7106），我国主要借鉴欧洲规范形成了自己的高速列车车体结构设计规范（暂规），其他机车车辆所用规范为 TB/T 1335—1996。

5.4 转向架的总体设计原则及设计要求

转向架总体设计应遵循的原则与车辆总体设计基本一致，即在统筹兼顾、讲究效益的基础上尽量使其结构便于保养与维修等。

1. 转向架设计的具体要求

1）应具有一定裕度的运行安全性

转向架在列车运行速度范围内应具有适当裕度的抗脱轨、抗倾覆（包括抗簧上倾覆）安全性和抗蛇行运动的稳定性。对危及行车安全的零部件应采取保护措施，以确保列车运行的安全性。

2）应具有符合速度要求的运行平稳性

在转向架设计中，要注意避免垂向、横向和纵向振动在运行的速度范围内发生共振，其平稳性指标应符合要求。

3）零部件具有足够的强度和合适的刚度

为了保证转向架主要零部件在运用期间正常工作，在力求减轻质量的前提下，要符合规定的强度并有合适的刚度。

4）具有承载和传递牵引力和制动力的能力

转向架主要零部件应能保证车体的载荷尽可能均匀地通过各个轮对传给钢轨，并能无间隙、无冲击地传递牵引力与制动力。另外，对运行中来自线路的垂向、横向和纵向的干扰位移和冲击，在向车体传递时，能起缓和、减振和抑制作用。

5）轮轨磨耗量少，并具有通过曲线的导向能力设计转向架结构和车轮踏面外形时，应注意尽量减小轮轨间的接触力和侧应力，以减少车轮踏面和轮缘的磨耗，使其对线路的破坏作用最小。转向架规定轴距在满足稳定性的前提下应尽可能小，以便能灵活地通过规定的最小曲线半径。

6）尽可能小的簧下质量

转向架结构中未被弹簧缓和的簧下质量，在车辆通过线路的凸起或凸陷部分时，将产生很大的冲击力。因此，应尽量减少簧下质量，以减少轮轨间的动态作用力。

7）能在规定的制动距离内安全停车

考虑列车最高运行速度、信号装备情况、线路状态等，所设计的转向架制动装置应具有足够的制动能力，保证列车在规定制动距离内安全停车。

2. 转向架设计的步骤

1）调查研究

根据设计任务书所规定的基本要求，对现有的转向架在制造、检修、运用中所存在的问题进行深入的调查研究。通过征求制造、检修、运用部门的意见，查询有关资料，翻阅有关的总结、报告等，找出主要问题的症结，然后进行分析，分清影响产品质量、性能的原因。针对所要解决的问题，参考国内外的新技术、新结构、新工艺、新材料，找出解决的办法。

2）方案设计

方案设计要根据设计任务书的具体要求，针对现有转向架存在的问题，对所设计的转向架提出总的结构设想方案（并绘制草图），初步确定主要的参数及轮廓尺寸。对新设计或改进设计的部分还需要提出具体的结构方案，并论证所实现的可能性和必要性。

3）技术设计

根据初步方案进行具体的结构设计，以实现方案设计所选择的技术参数和结构要求。在此阶段的工作中，要进行主要零部件的结构选型和设计，强度计算和动力性能的校核，确定各部分间隙量，调整各部分相关尺寸，注明技术条件，最后确定并绘制全套图纸。对于新设计的重要零部件需要进行试验研究，以检验其性能。

4）工艺设计

根据工艺装备和生产能力，由工艺部门对各主要零部件尺寸公差和加工的技术条件，制订工艺流程和工艺卡片，修改和完成全套生产图纸，同时进行生产上的准备工作。完成工艺设计后，要进行标准化审查。

3. 转向架设计中要考虑的主要问题

1）脱轨安全性

脱轨安全性是指城轨车辆在小半径曲线上低速运行时不至于脱轨的能力，应计算出脱轨系数的临界值，以确定轴向垂向定位刚度等参数。所谓脱轨系数，就是利用车轮横向作用力求出的相对脱轨安全裕度值。其中，车轮横向力是根据轮缘角等车辆技术参数计算得出的。

2）抗倾覆安全性

对抗倾覆来说，要求采用足够安全的倾覆临界计算公式，以确定轴箱垂向定位刚度及车体的垂向支承刚度。

3）蛇行运动稳定性

蛇行运动是由于铁道车辆的车轮踏面带有斜度而产生的现象。要合理确定轴箱纵向、横向定位刚度及空气弹簧横向刚度,以保证车辆在正常速度范围内不至于发生蛇行失稳现象。

4)横向力

横向力是指车轮沿横向挤压钢轨所产生的力,一旦横向力增大,有时会引起钢轨扣件脱落(失效)。另外,还会降低车辆的曲线通过性能,并加剧车轮与钢轨的磨耗。因此,为了保证钢轨间具有较小的横向作用力,应慎重选取轴箱的纵向、横向定位刚度,以及空气弹簧纵向刚度、抗蛇行减振器的阻尼系数等参数值。

5)车辆限界

一旦车辆位移超过车辆限界尺寸,将引起车辆与建筑物的干涉。因此,既要考虑横向止挡的间隙,还要保证空气弹簧的横向刚度及横向橡胶止挡的刚度值不能太小。

6)零部件之间的干涉,零部件的容许位移

不仅应注意车辆与建筑物的干涉,还应该注意车辆各零部件之间的干涉。此外,要使电机与齿轮装置之间的弹性连接(弹性联轴节)等不超过零部件的容许位移,应该使轴向的垂向定位刚度取较大的值。

7)车站站台阶梯差

从无障碍要求来看,也必须满足站台阶梯容许值要求,以方便乘客上下车。特别是通勤电动车,由于空车与满员的质量差别较大。所以,如果轴箱垂向刚度过低,当车辆满员时,车体便会下沉,致使车门与车站站台的阶梯差加大。

8)车座舒适性

乘坐舒适性必须良好。因此,除了上述各项的要求外,还应选定满足舒适度良好要求的弹簧刚度及减振器阻尼系数。

5.5　小　结

本章主要介绍了城轨车辆设计的基本概念,城轨车辆总体设计的原则及内容,车体结构设计的主要原则和要求,以及转向架总设计原则及要设计要求,为后续的城轨车辆课程设计提供理论基础和支持。

 复习思考题 ▶▶▶　▶

5-1　简述现代车辆设计概念和开发技术思路。

5-2　一个详细、完整的车辆总体设计要经过哪些过程?

5-3　车体结构设计的主要原则和要求是什么?

5-4　转向架设计具体包括哪些内容?

5-5　转向架设计时要考虑哪些问题?

第6章
城轨车辆课程设计

　　城轨车辆课程设计是城市轨道交通专业的一门专业综合课程，培养学生进行产品设计和结构设计。目前城市轨道交通车辆构造的书籍较多，但缺乏典型的课程设计案例，或课程设计形式过于单一，仅仅偏向于车辆零部件产品设计或者偏向于车辆结构设计。所谓产品设计就是利用 CAD 软件实现车辆零部件的草图设计、零件设计、曲面设计、零件装配及工程视图绘制等。车辆结构设计主要基于经验设计，即利用材料力学、结构力学和弹性力学的经验公式对简化的车辆结构进行设计分析。该方法简单易行，但由于对结构做了大量简化，设计结果的准确性有待提高。

　　随着 CAD 技术和有限元理论的发展和日趋完善，两者的结合可以提高设计效率并使设计更加合理，在车辆零部件设计中已经得到越来越广泛的应用。本章给出的城轨车辆课程设计案例，首先通过 CAD 建立城轨车辆零部件的三维模型，然后将几何模型导入有限元分析软件中建立有限元模型，并根据有限元计算结果提出优化方案。

6.1　CATIA 软件简介

　　CATIA 是法国达索飞机公司（Dassault Aviation）在 20 世纪 70 年代开发的高档 CAD/CAM 软件，是世界上一种主流的 CAD/CAE/CAM 一体化软件。CATIA 是英文 Computer Aided Tri-Dimensional Interactive Application（计算机辅助三维交互式应用）的缩写。目前在中国由 IBM 公司代理销售。

　　CATIA 的产品开发商法国达索飞机公司是世界著名的航空航天企业，成立于 1981 年。其产品以幻影 2000 和阵风战斗机最为著名。而如今其在 CAD/CAE/CAM 和 PDM 领域内的领导地位，已得到世界范围内的承认。

　　CATIA 广泛应用于航空航天、汽车制造、船舶制造、机械制造、电子/电器、消费品行业，它的集成解决方案覆盖所有的产品设计与制造领域，其特有的 DMU 电子样机模块功能及混合建模技术更是推动着企业竞争力和生产力的提高。CATIA 提供方便的解决方案，迎合所有工业领域的大、中、小型企业需要，从大型的波音 747 飞机、火箭发动机到化妆品的包装盒，几乎涵盖了所有的制造业产品。CATIA 可以根据不同规模、不同应用定制完全适合本企业的解决方案。CATIA 源于航空航天业，但其强大的功能已得到各行业的认可，在欧洲汽车业，已成为事实上的标准。CATIA 的著名用户包括在世界制造业中具有举足轻重的地位一大批知名企业，如波音、克莱斯勒、宝马、奔驰等。在中国，CATIA 也得到了广泛的应用，包括一汽集团、一汽大众、沈阳金杯、上海大众、北京吉普、武汉神龙在内的许多汽车公司都选用 CATIA 开发新车型。

达索公司后来推出了 CATIA V5 版本，该版本能够运行于多种平台，特别是微机平台。这不仅使用户能够节省大量的硬件成本，而且其友好的用户界面，使用户更容易使用。CATIA V5 版本界面更加友好，功能也日趋强大，并且开创了 CAD/CAE/CAM 软件的一种全新风格。从 CATIA 软件的发展史中，我们可以发现现在的 CAD/CAM 软件更多地向智能化、支持数字化制造企业和产品的整个生命周期的方向发展。

围绕数字化产品和电子商务集成概念进行系统结构设计的 CATIA V5 版本，可为数字化企业建立一个针对产品整个开发过程的工作环境。在这个环境中，可以对产品开发过程的各个方面进行仿真，并能够实现工程人员和非工程人员之间的电子通信。产品整个开发过程包括概念设计、详细设计、工程分析、成品定义和制造乃至成品在整个生命周期中的使用和维护。

1. CATIA V5 主要模块

零件设计 PDG：Part Design。

装配设计 ASD：Assembly Design。

交互式工程绘图 IDR：Interactive Drafting。

创成式工程绘图 GDR：Generative Drafting。

结构设计 STD：Structure Design。

线架和曲面设计 WSF：Wireframe and Surface。

钣金设计 SMD：Sheetmetal Design。

航空钣金设计 ASL：Aerospace Sheetmetal Design。

钣金加工设计 SHP：Sheetmetal Production。

三维功能公差与标注设计 FTA：3D functional Tolerancing & Annotation。

模具设计 MTD：Mold Tooling Design。

阴阳模设计 CCV：Core & Cavity Design。

焊接设计 WDG：Weld Design。

自由风格曲面造型 FSS：Freestyle Shaper。

自由风格曲面优化 FSO：Freestyle Optimizer。

基于截面导线的自由风格曲面造型 FSP：Freestyle Profiler。

基于草图的自由风格曲面造型 FSK：Freestyle Sketch Tracer。

创成式外形设计 GSD：Generative Shape Design。

创成式曲面优化 GSO：Generative Shape Optimizer。

汽车白车身接合 ABF：Automotive Body in White Fastening。

数字化外形编辑 DSE：Digitized Shape Editor。

汽车 A 级曲面造型 ACA：Automotive Class A。

快速曲面重建 QSR：Quick Surface Reconstruction。

创成式零件结构分析 GPS：Generative Part Structural Analysis。

创成式装配件结构分析 GAS：Generative Assembly Structural Analysis。

变形装配件公差分析 TAA：Tolerance Analysis of Deformable Assembly。

Elfini 结构分析 EST：Elfini Solver Verification。

电路板设计 CBD：Circuit Board Design。

电气系统功能定义 EFD：Electrical System Functional Definition。

电气元件库管理员 ELB：Electrical Library。

电气线束安装 EHI：Electrical Harness Installation。

电气线束布线设计 EWR：Electrical Wire Routing。

电气线束展平设计 EHF：Electrical Harness Flattening。

管路和设备原理图设计 PID：Piping & Instrumentation Diagrams。

HVAC 图表设计 HVD：HVAC Diagrams。

电气连接原理图设计 ELD：Electrical Connectivity Diagrams。

系统原理图设计 SDI：Systems Diagrams。

管线原理图设计 TUD：Tubing Diagrams。

波导设备原理图设计 WVD：Waveguide Diagrams。

系统布线设计 SRT：Systems Routing。

系统空间预留设计 SSR：Systems Space Reservation。

电气缆线布线设计 ECR：Electrical Cableway Routing。

设备布置设计 EQT：Equipment Arrangement。

线槽与导管设计 RCD：Raceway & Conduit Design。

波导设备设计 WAV：Waveguide Design。

管路设计 PIP：Piping Design。

管线设计 TUB：Tubing Design。

HVAC 设计 HVA：HVAC Design。

支架设计 HGR：Hanger Design。

结构初步布置设计 SPL：Structure Preliminary Layout。

结构功能设计 SFD：Structure functional Design。

设备支撑结构设计 ESS：Equipment Support Structures。

厂房设计 PLO：Plant Layout。

数控加工审查 NCG：NC Manufacturing Review。

数控加工验证 NVG：NC Manufacturing Verification。

2 轴半加工准备助手 PMA：Prismatic Machining Preparation Assistant。

2 轴半加工 PMG：Prismatic Machining。

3 轴曲面加工 SMG：3 Axis Surface Machining。

多轴曲面加工 MMG：Multi-Axis Surface Machining。

车削加工 LMG：Lathe Machining。

高级加工 AMG：Advanced Part Machining。

STL 快速成型 STL：STL Rapid Prototyping。

知识工程顾问 KWA：Knowledge Advisor。

知识工程专家 KWE：Knowledge Expert。

产品工程优化 PEO：Product Engineering Optimizer。

产品知识模板 PKT：Product Knowledge Template。

业务流程知识模板 BKT：Business Process Knowledge Template。

产品功能定义 PFD：Product Function Definition。

产品功能优化 PFO：Product Function Optimizer。

DMU 漫游器 DMN：DMU Navigator。

DMU 运动机构模拟 KIN：DMU Kinematics Simulator。

DMU 空间分析 SPA：DMU Space Analysis。

DMU 装配模拟 FIT：DMU Fitting Simulator。

DMU 优化器 DMO：DMU Optimizer。

DMU 工程分析审查 ANR：DMU Engineering Analysis Review。

DMU 空间工程助手 SPE：DMU Space Engineering Assistant。

人体模型构造器 HBR：Human Builder。

人体模型测量编辑 HME：Human Measurements Editor。

人体姿态分析 HPA：Human Posture Analysis。

人体行为分析 HAA：Human Activity Analysis。

2．CATIA V5 主要功能

1）CATIA 零件设计

提供零件设计的混合造型、关联特征和布尔运算相结合的方法。用户在可控关联性的装配环境下进行草图设计和零件设计，在局部 3D 参数化环境下添加设计约束。由于支持零件的多实体操作，因此可轻松管理零件更改，在设计后期可进行灵活地操作。

CATIA 零件设计通常与其他产品如线架曲面产品、装配设计产品和创成式绘图结合使用。

2）CATIA 装配设计

提供装配环境下可由用户控制关联关系的设计能力，通过使用自顶向下和自底向上的方法管理装配层次，可真正实现装配设计和单个零件设计之间的并行工程。

装配设计产品通过使用鼠标动作或图形化的命令建立机械设计约束，可以方便直观地将零件放置到指定位置。

通过选择手动或自动的方式进行更新，设计者可以重新排列产品的结构，动态地把零件拖放到指定位置，并进行干涉和缝隙检查。

系统提供了多种高效的工作方式，如标准零件或装配件的目录库、强大的高级装配特征、自动爆炸视图生成和 BOM 表自动生成等，可以大幅减少设计时间和提高设计质量。

3）CATIA 创成式工程绘图

CATIA V5 可以从 3D 零件或装配件生成相关联的 2D 图纸。结合交互绘图功能，创成式工程绘图产品集成了 2D 交互式绘图功能、高效的工程制图修饰和标注两方面的优点。

创成式工程绘图产品提供了灵活可扩展的解决方案，能满足钣金、曲面和用混合建模方法建立零件或装配件等对工程绘图的需求。图纸创建助手或向导简化了多视图工程制图的生成，并可以自动生成 3D 标注。

用户可以将图案与零件材质规范关联起来，并利用标准的修饰特征添加生成的标注。

2D 图纸与 3D 主模型之间的关联性使用户可以进行设计和标注的并行工作。

4）实时渲染产品

利用材质的技术规范可生成模型的逼真渲染图。实时渲染产品可以利用材质的技术规范来生成模型的逼真渲染显示。纹理可以通过草图创建，也可以由导入的数字图像或材质库中的图案来修改。

材质库和零件的指定材质之间具有关联性，可以通过规范驱动方法或直接选择来指定精度。实时显示算法可以快速地将模型转化为逼真渲染图。

5）CATIA 线架和曲面

线架结构元素和基本曲面是在设计的初步阶段创建线架模型的结构元素。通过使用线架特征和基本的曲面特征可丰富现有 3D 机械零件设计，它所采用的基于特征的设计方法提供了高效直观的设计环境，可实现对设计方法与规范的捕捉与重用。

6）CATIA 创成式零件结构分析

CATIA 创成式零件结构分析可以对零件进行清晰的、自动的结构分析，并将模拟仿真和设计规范集成在一起，使得在设计的初级阶段就可以对零部件进行反复地设计和分析计算，从而达到改进和加强零件性能的目的。

通过为许多专业化的分析工具提供统一的界面，此产品也可以在设计过程中完成简短的分析循环。因为和几何建模工具的无缝集成又具有完美和统一的用户界面，CATIA 创成式零件结构分析为产品设计人员和分析工程师提供了一种简便的应用和分析环境。

3．CATIA V5 版本的特点

1）重新构造的新一代体系结构

为确保 CATIA 产品系列的发展，CATIA V5 新的体系结构突破传统的设计技术，采用了新一代的技术和标准，可快速地适应企业的业务发展需求，使客户具有更大的竞争优势。

2）支持不同应用层次的可扩充性

CATIA V5 对于开发过程、功能和硬件平台可以进行灵活的搭配组合，可为产品开发链中的每个专业成员配置最合理的解决方案。允许任意配置的解决方案可以满足从最小的供货商到最大的跨国公司的需要。

3）与 NT 和 UNIX 硬件平台的独立性

CATIA V5 是在 Windows NT 平台和 UNIX 平台上开发完成的，并在所有所支持的硬件平台上具有统一的数据、功能、版本发放日期、操作环境和应用支持。CATIA V5 在 Windows 平台的应用可使设计师更加简便地同办公应用系统共享数据；而 UNIX 平台上 NT 风格的用户界面，可使用户在 UNIX 平台上高效地处理复杂的工作。

4）专用知识的捕捉和重复使用

CATIA V5 结合了显式知识规则的优点，可在设计过程中交互式捕捉设计意图，定义产品的性能和变化。隐式的经验知识变成了显式的专用知识，提高了设计的自动化程度，降低了设计错误的风险。

5）给现存客户平稳升级

CATIA V4 和 V5 具有兼容性，两个系统可并行使用。对于现有的 CATIA V4 用户，V5 能引领他们迈向 NT 世界。对于新的 CATIA V5 客户，可充分利用 CATIA V4 成熟的后续应用产品，组成一个完整的产品开发环境。

6.2　有限元简介

从通俗意义上来讲，有限元就是将一个物体分成许多个很小的部分，得到每一小部分构件的位移，进而推导出应力、应变和反力等，这样做的目的是便于对受力复杂的非规则结构进行力学分析。从本质上来讲，有限元主要是对模型的结构进行离散化处理，把实体部分人为地划分成有限个连续且规则的小部分，并对这些分好的小部分单元体进行计算，最终对整体结构进行评估。这样既简化了分析过程，也提升了分析结果的可靠性。这个方法将原本复杂的结构通过抽象、简单的网格化处理并进行计算，最终能够比较清楚地展示出构件的力学性能，可用来解决一些实际中较为烦琐的问题。有限元中，一些常用的专用术语如下。

1）节点

自由度坐标系通过位移、温度、电压等各种物理量确定，节点就存在于这个坐标系中。在有限元分析的过程中，首先需要确定每一个点的坐标，这样就可以确定需要分析的位置，这个节点即为需要施加载荷的地方，如最简单的力、热、磁场强度等。

2）单元

在一般的数学模型中，单元由固定数量的节点构成。数学模型不相同，形成的单元也是不同的，需要什么样的节点，就根据所需要的情况来进行组合。

3）载荷

在有限元应变剖析中，它的基础就是载荷，将载荷划分为平均分配载荷以及单个载荷，在不同的实验环境当中，它的物理含义是不一样的，如载荷可以为力矩、力或者磁场的强度等。

4）边界条件

在有限元分析中，至关重要的环节便是如何确定边界条件，关于确定外加的约束是否合适，则需要在正确计算之后才能做出判断。

6.3　城轨车辆转向架构架课程设计

本课程设计选用的是 SKMB-200 型转向架，这种类型的转向架用于 CRH2 型动车组列车上，它选用的是 H 形构架。转向架分为动车转向架和拖车转向架，型号分别为 SKTB-300 和 SKMB-300。CRH2 型动车组转向架结构特征如下。

（1）为了减轻车轴的质量，在设计车轴的时候将车轴的内部掏空，这种设计方法还有利于在车轴出现问题时，用超声波探查损伤部位。

（2）在选择车轮大小时，为了减轻车辆簧下质量，车轮所选直径小于 850 mm。

（3）车辆在运行时，蛇行运动难以避免，在选择横向减振器时，首要目的就是减轻蛇行运动。

（4）转臂式定位优点很多，如方便检查与维护，以及能够多角度转动。车轴在定位的时候选择的是转臂式，轴箱弹簧大部分选用双圈钢圆簧。

（5）选用不具有摇枕的 H 形构架。

（6）空气弹簧作为车辆的二系悬挂方式，能够在车辆运行的过程中，对因轨道不平顺产生的车辆颠簸有良好的吸收作用，横梁选用材料为无缝钢管。

（7）转向架还需要传递纵向力，就牵引装置来说，要将纵向力的传递考虑在内，选用单拉杆中央牵引装置。

（8）为了降低列车在行进过程中车轮与轨道之间产生的噪声，需要选择合理的清除装置，这样能够让踏面处于最好的运行状态。

6.3.1 转向架总体设计的规范和标准

1. 作用在心盘上的垂直载荷 P_{st}

对于心盘承载的车辆，车体的自重、载重和整备质量（单位：t）通过下心盘作用在转向架上，其数值通常用两种方法计算。

（1）根据车体实际重量计算（俗称"自上而下"的计算方法）：对一专用型车转向架，作用在转向架心盘上的垂直静载荷 P_{st} 是按照车体的实际总重（单位：t）来考虑的（重力加速度 g 取 10 m/s²），即

$$P_{st} = \frac{1}{2}(\text{车体总重}) \times g = \frac{1}{2}(\text{车体自重} + \text{载重} + \text{整备重量}) \times 10 (\text{kN}) \quad (6-1)$$

按这种计算方法所得的心盘载荷来设计转向架，可以使各零部件具有合理的结构强度和自重，但这种转向架往往缺乏通用性。

（2）根据最大允许轴重计算（俗称"自下而上"的计算方法）：对于通用型车转向架，作用在转向架心盘上的垂直静载荷 P_{st}，是按照该转向架所用轮对压在钢轨上的允许载荷（即允许轴重，单位：t）来考虑的，即

$$P_{st} = 10(nP_R - P_t)(\text{kN}) \quad (6-2)$$

式中，P_R 为一个轮对压在钢轨上的允许轴重；n 为一台转向架的轴数；P_t 为一台转向架的自重。按式（6-2）计算所得的 P_{st} 来设计转向架，由于与车型无关，故可在允许轴重的范围内应用于各型车辆，从而可提高转向架的通用性。

2. 经中央弹簧传递的垂直载荷

CRH2 是非心盘车辆，对于非心盘车辆，车体的载荷通过转向架两侧的中央弹簧或两侧轴承将载荷传递至转向架。图 6-1 为一般具有摇动台结构的二系弹簧装置的转向架构架在垂直载荷作用下的受力情况，车体传来的静载荷通过摇动台吊杆以 4 个集中力的形式作用在构架摇动台吊杆销孔处，它由轴箱弹簧的 8 个反力来平衡。

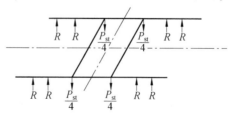

图 6-1　构架在垂直载荷作用下的受力情况

3. 垂直动载荷

作用在转向架零部件上的垂直动载荷 P_{dy} 是由于车辆运行中轮轨之间冲击和簧上振动所引起的，其数值按下式计算

$$P_{\mathrm{dy}} = K_{\mathrm{dy}} P_{\mathrm{st}} \tag{6-3}$$

式中，K_{dy} 为垂直动荷系数。

对于具有二系弹簧装置的转向架，其构架等零部件处于摇枕弹簧和轴箱弹簧之间，既不是簧上部分的零件，也不是簧下部分的零件，其 K_{dy} 需根据摇枕及轴箱弹簧的静挠度采用线性插值的办法获得，按下式计算

$$K_{\mathrm{dy}} = \left(K_{\mathrm{dyx}} - K_{\mathrm{dys}} \right) \frac{f_{\mathrm{st2}}}{f_{\mathrm{st1}} + f_{\mathrm{st2}}} + K_{\mathrm{dys}} \tag{6-4}$$

式中，K_{dyx} 和 K_{dys} 为簧下部分和簧上部分零件的垂直动荷系数；f_{st1} 和 f_{st2} 为摇枕弹簧和轴箱弹簧的静挠度，单位：cm。P_{dy} 作用方式与 P_{st} 相同，对于构架只要把图 6-1 中的 P_{st} 改为 P_{dy} 就得到垂直动载荷下的受力简图。

4. 纵向力引起的附加垂直载荷

车体承受的纵向力有两种工况，第一工况及第二工况中的第一种作用方式规定车辆在底架两端承受着对拉或对压的纵向力。

作用在车体上的这种纵向力并不引起转向架的受力。第二工况中的第二种作用方式（即单端冲击情况）下，车体的受力如图 6-2 所示。作用在车体上的这种纵向力将引起转向架的附加载荷。图 6-2 中 P_{c} 为转向架对车体的垂直反力，它的反方向即为纵向力引起的作用在转向架心盘上的附加垂直载荷，可见前位（按车辆运行方向）转向架增载，而后位转向架减载。作用在转向架心盘上的纵向力 $N_2/2$ 通常不予考虑。

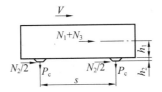

图 6-2　单端冲击情况下车体的受力情况

纵向力引起转向架心盘的附加垂直载荷 P_{c} 可按下式计算

$$P_{\mathrm{c}} = \frac{(N_1 + N_3) h_2 - N_2 h_1}{L} (\mathrm{kN}) \tag{6-5}$$

式中，h_1 为重载车体的重心至自动车钩中心线的垂直距离，单位：m；h_2 为自动车钩中心线与心盘面之间的距离，单位：m；L 为车辆定距，即两心盘中心之间的距离，单位：m；N_1、N_2、N_3 为车体自重、转向架自重以及车辆所载货物产生的惯性力。

在 P_{c} 作用下转向架零部件的受力情况，与在垂直静载荷 P_{st} 作用下的情况相同。注意：附加垂直载荷 P_{c} 往往发生调车作业时，它引起转向架构件的应力不应与垂直动载荷所引起的应力相叠加。由于城市轨道交通车辆调车时一般不载客，因此式（6-5）中 $N_3 = 0$。

5. 牵引力

牵引力是列车运行的动力，牵引力的大小可由司机根据需要加以控制。在动力转向架的分析中，我们已经知道，一般传动装置中的主动齿轮与牵引电机同轴，从动齿轮与车轴同轴，主、从动齿轮彼此相互啮合。当牵引电机受电产生电磁力矩 M_{d} 时，即主动齿轮轴上产生力矩 $M_{\mathrm{d}} = P_1 \cdot \dfrac{d}{2}$，传递到从动齿轮轴上所受到的力矩 $M_{\mathrm{k}} = P_1 \cdot \dfrac{D}{2}$ 也就是作用在轮

对上使车轮沿钢轨运动的力矩。则有

$$M_k = P_1 \cdot \frac{D}{2} = M_d \frac{\frac{D}{2}}{\frac{d}{2}} = \mu M_d \qquad (6\text{-}6)$$

式中，M_k 为轮对所受的力矩；M_d 为牵引电机的转矩；d、D 为主、从动齿轮的分度圆直径；P_1 为齿轮啮合点的推力；μ 为齿轮的传动比。

牵引电机力矩的传递如图 6-3 所示，牵引时的轮轨作用如图 6-4 所示。

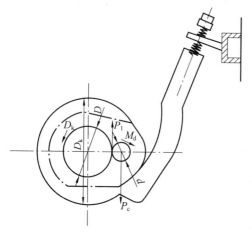

图 6-3　牵引电机力矩的传递

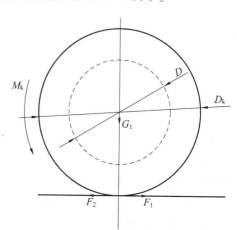

图 6-4　牵引时的轮轨作用

6. 侧向力引起的附加垂直载荷

图 6-5 所示为车辆承受侧向力的情况，图中 H_k 表示作用在车体上的侧向力；H_z 表示两台转向架的离心力，假定车体在侧向力作用下不发生倾斜，即转向架的摇动台和弹簧装置不变形的情况下，分析构架的受力。为此，先研究车辆内侧及外侧轴箱（或轴颈）的附加垂直载荷。

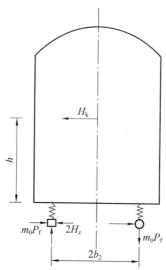

图 6-5　车辆承受侧向力的情况

1）车辆内、外侧轴箱的附加垂直载荷

取车体连同中央弹簧装置以及构架（或侧架）、轴箱为分离体，如图 6-5 所示。图中 $2H_z$ 为两台转向架除去轮对后的所有构件的离心力之和，假定此力作用在车轴中心线的水平面内。轴箱处的水平反力暂不研究，而每一个轴箱的垂直反力为 P_f，据平衡得

$$\begin{cases} m_0 P_f \cdot 2b_2 = H_k h \\ P_f = \dfrac{H_k h}{m_0 \cdot 2b_2} \end{cases} \tag{6-7}$$

式中，h 为车体侧向力至车轴中心线所在水平面之间的垂直距离，单位：m；$2b_2$ 为轮对两轴颈中心线间的水平距离，单位：m；m_0 为车辆一侧轴箱数（即车辆的轴数）。

2）构架受力

构架在侧向力引起的附加垂直载荷作用下的受力情况如图 6-6 所示。与在垂直静载荷下的受力不同，图中处于曲线外侧的 4 个轴箱弹簧对构架的作用力向上，而内侧的则向下，每一弹簧作用力的数值等于 $P_f/2$（因为每一轴箱上有两组弹簧）。轴箱弹簧对构架的作用力系应由作用在构架摇动台吊杆销孔处的 P_n 力系平衡，即

$$P_n = \frac{2P_f \cdot 2b_2}{2t} \tag{6-8}$$

式中，t 为构架摇动台吊杆销孔间的横向水平距离，单位：m；图 6-6 中，$t = 2b_2$，为中心悬挂转向架的结构情况，其他符号的含义同前。

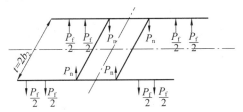

图 6-6　构架在侧向力引起的垂直载荷作用下的受力情况

侧向力引起的作用在转向架上的水平载荷，不能简单地像附加垂直载荷那样按图 6-6 由静力平衡求得，必须研究转向架在曲线所处的位置，以及轮轨间相互作用力的实际情况，才能正确地解决。

7. 侧向力及轮轨间作用力引起的水平载荷

车辆进入线路的曲线区段后，转向架承受的水平载荷除了由车体传到心盘上的侧向力 $H_k/2$ 及转向架本身的离心力以外，还有钢轨给车轮轮缘的横向力（对于前轮对，常称导向力）Y 和轨面作用在轮踏面上的摩擦力 F。Y 的作用位置及大小、F 的大小和方向除了与转向架所受侧向力 $H = (H_k/2 + H_z)$ 的数值及转向架结构有关以外，还与转向架处于曲线上的位置及在曲线上的运动情况有关。为此，需要首先研究转向架在曲线上处于何种位置，进而得到轮轨之间的作用力，然后才能进行转向架各零部件承受水平载荷的分析。

1）转向架在曲线上的 3 种位置

（1）弦形位置：其特征是转向架前、后轮对的外侧车轮轮缘均靠向外轨，如图 6-7（a）所示。

（2）最大倾斜位置：转向架前轮对的外侧车轮轮缘靠向外轨，后轮对的内侧车轮轮缘

靠向内轨，如图 6-7（b）所示。

（3）中间位置：转向架前轮对的外侧车轮轮缘靠向外轨，后轮对的两个车轮轮缘与内、外轨均不接触，如图 6-7（c）所示。

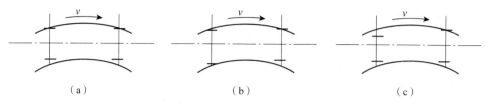

图 6-7　转向架在曲线上的三种位置

(a) 弧形位置；(b) 最大倾斜位置；(c) 中间位置

2）中间位置时转向架的受力分析

（1）整个转向架的受力分析。

为简化计算，假设车轮滚动摩擦略去不计，转向架各车轮压在钢轨上的垂直载荷 N 均相等。这样，作用在各个轮踏面上的轮轨之间的滑动摩擦力 $F = \mu N$ 也均相同（μ 为滑动摩擦因数，一般取 $\mu = 0.5$）；轮对在水平平面内相对于构架（或侧架）没有位移；轮轨之间的水平作用力（包括横向力 Y 和摩擦力 F）处于同一平面内。取整个转向架为分离体，因为仅研究水平力的作用，故取其俯视图，如图 6-8 所示。这时，转向架所承受的水平载荷有：作用在转向架心盘位置上的侧向力 $H = (H_k/2 + H_z)$；外轨给前轮对外侧车轮轮缘的导向力 Y_1，以及钢轨给各轮踏面的摩擦力 F。摩擦力的方向是这样确定的：它垂直于各轮轨接触点与回转极点 C 的连线，并力图阻止转向架绕点 C 的转动。此时，暂假定点 C 处于后轮对与构架中心点之间，它与心盘中心的水平距离为 a。

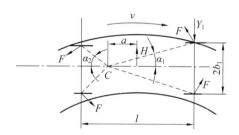

图 6-8　中间位置时转向架的受力情况

在图 6-8 上作用力 H 和 F，以及转向架的线性尺寸 $2b_1$（轮对两滚动圆之间的距离）和 l（转向架固定轴距，即前、后轮对中心线之间的距离）均为已知值，而导向力 Y_1，以及回转极点 C 的位置参数 a 是未知的。

由力的平衡方程得

$$H + 2F(\cos\alpha_1 - \cos\alpha_2) - Y_1 = 0 \tag{6-9}$$

$$H\frac{l}{2} - 2F\cos\alpha_2 l - F(\sin\alpha_1 - \sin\alpha_2)2b_2 = 0 \tag{6-10}$$

式中，各符号的含义如前所述，且

$$\begin{cases} \cos\alpha_1 = \dfrac{a + \dfrac{l}{2}}{\sqrt{b_1^2 + \left(a + \dfrac{l}{2}\right)^2}} \\[4mm] \cos\alpha_2 = \dfrac{\dfrac{l}{2} - a}{\sqrt{b_1^2 + \left(\dfrac{l}{2} - a\right)^2}} \\[4mm] \sin\alpha_1 = \dfrac{b_1}{\sqrt{b_1^2 + \left(\dfrac{l}{2} + a\right)^2}} \\[4mm] \sin\alpha_2 = \dfrac{b_1}{\sqrt{b_1^2 + \left(\dfrac{l}{2} - a\right)^2}} \end{cases} \tag{6-11}$$

把式（6-11）代入式（6-10），可见式中只有两个未知数 Y_1 和 a，故可联立解得。由于用代数法解式（6-10）中的两个联立方程非常烦琐，故实际上常采用试凑法或图解法求 Y_1 和 a。求得了 Y_1 和 a（中间位置），仅解决了转向架作为一个整体的受力问题。为了研究转向架主要承载零部件的受力情况，还需要把转向架"折开"，以各个零部件为分离体来分析，首先要研究轮对的受力。

（2）轮对的受力分析。

在图 6-8 中，把转向架的前、后轮对取出作为分离体，如图 6-9 所示。把已知的作用在轮踏面上的滑动摩擦力 F 沿坐标轴 x、y 方向分解成下列分力

$$\begin{cases} F_{1x} = F \cdot \sin\alpha_1, \ F_{1y} = F \cdot \cos\alpha_1 \\ F_{2x} = F \cdot \sin\alpha_2, \ F_{2y} = F \cdot \cos\alpha_2 \end{cases} \tag{6-12}$$

$$P_1 = \frac{H_1 r}{2b_1}, \ P_2 = \frac{H_2 r}{2b_1} \tag{6-13}$$

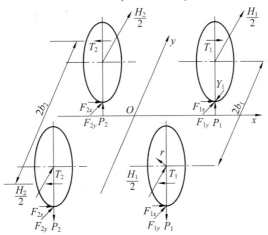

图 6-9　转向架处于中间位置时轮对的受力

把上列各分力以及已知的导向力 Y_1 分别加在 4 个轮轨接触点上。为了平衡 Y_1 和 F，轴必须给予轴颈下列作用力

$$\begin{cases} 对于前轮对 \quad H_1 = Y_1 - 2F_{1y}, \quad T_1 = \dfrac{F_{1x}2b_1}{2b_2} \\[3mm] 对于后轮对 \quad H_1 = 2F_{2y}, \quad T_2 = \dfrac{F_{2x}2b_1}{2b_2} \end{cases} \qquad (6\text{-}14)$$

式中，$2b_2$ 为轮对两轴颈中心线之间的水平距离；其余符号的含义如前所述。

必须指出，图 6-9 中 H_1 和 H_2 的作用方式，对于滚动轴承，H_1 和 H_2 可以认为平均分配在同一轮对的两个轴颈上，即前轮对的两个轴承各给予两轴颈以水平力 $H_1/2$，后轮对的两轴颈所承受的水平力则为 $H_2/2$。为平衡力偶 $H_1 \cdot r$ 和 $H_2 \cdot r$（r 为车轮半径），在前、后轮对的踏面上作用有附加垂直载荷。

（3）构架的受力分析。

由于转向架上均用滚动轴承，前轮对的两个轴颈上各作用有力 $H_1/2$（指向曲线外侧），后轮对两轴颈作用力则为 $H_2/2$（也是指向曲线外侧）。取构架为分离体（见图 6-10），如前所述，认为轴箱作用在构架弹簧支柱上的力，数值上就等于轴箱对轴颈的作用力 $H_1/2$、T_1、$H_2/2$ 和 T_2，只是方向相反。认为上述各力平均分摊在轴箱左、右两个弹簧支柱上，即分别为 $H_1/4$、$T_1/2$、$H_2/4$ 和 $T_2/2$。$H_1/4$ 和 $H_2/4$ 这一组力由摇枕通过摇动台吊杆作用在构架横梁上的侧向力 H 来平衡，且认为均匀分配在横梁上的 4 个吊杆销孔处，各为 $H/4$。不难证明，在 y 方向的力以及在 xy 平面内构架所受的力矩也是平衡的，即 $H = H_1 + H_2$，$H_1 \cdot l/2 - H_2 \cdot l/2 = (T_1 + T_2)2b_2$。

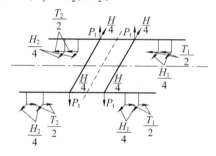

图 6-10　转向架处于中间位置时构架的受力

如果 $H/4$ 的作用点与弹簧支柱上诸力的偏心矩 z 并不大，为简化计算，此偏心矩 z 的影响常可忽略不计，即把 H_1、H_2、T_1 和 T_2 的作用点移到构架平面内。如果要考虑弹簧支柱上诸力与 H 之间的偏心矩 z，这时就存在着一个绕 x 轴转动的力偶 H_z，此力偶必须由摇动台吊杆给予构架的附加垂直载荷 Pl 所形成的力偶来平衡（当然，使构架存在绕 x 轴转动趋势的力偶 H_z 亦会造成轴箱弹簧的附加垂直载荷，但因轴箱弹簧的附加弹性反力，它远较吊杆给予构架的附加垂直力要小，故可略去）。而 $P_t = H_z/2t$，其中 t 为内、外侧吊杆销孔之间的横向水平距离。

8. 垂直斜对称载荷

垂直斜对称载荷是一组垂直作用在构架轴箱部位的自相平衡的力系，此力系对于构架的纵向和横向中心平面均呈反对称分布，如图 6-11 所示。构架上的垂直斜对称载荷是在垂直静载荷作用下，因为线路及转向架结构本身存在缺陷等原因引起构架的 4 个轴箱反力不等造成的。因此，垂直斜对称载荷是与垂直静载荷同时存在的。

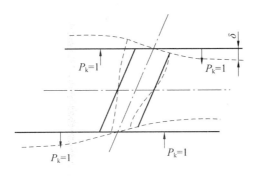

图 6-11　垂直斜对称载荷情况

造成构架 4 个轴箱反力不等的原因很多，主要是：各支承点的高度不等（由构架、轴箱、弹簧、车轮直径、轴颈直径等制造误差以及线路不平顺和转向架进入缓和曲线时造成）；各支承点的刚度不等（主要是轴箱弹簧的刚度误差）。

由于影响 P_k 的因素众多，很难一一考虑，因此为了求得 P_k 的数值，根据实践经验，通常把上述诸因素的综合影响看成转向架上某一车轮在轨道上升或下沉一个 z 值，而其他因素均认为是正常的。经过分析和推导，得到垂直斜对称载荷 P_k 的计算公式

$$P_k = \frac{1}{4}\left(\frac{2b_2 z}{2b_1}\right)\frac{K_1 K_2}{K_1 + K_2}\ (\text{N}) \tag{6-15}$$

式中，K_1 为一个轴向弹簧的总刚度，单位：N/cm；K_2 为构架抵抗垂直斜对称载荷的刚度（或称构架的抗扭刚度），单位：N/cm；$K_2 = 1/\delta$，δ 表示构架在一组 $P_k = 1$ N 的力的作用下，构架上 P_k 力的作用点沿 P_k 力作用方向位移，如图 6-11 所示；$2b_1$ 为轮对两滚动圆之间的距离，我国轮对为 $2b_1 = 149.3$ cm；$2b_2$ 为轮对两轴颈中心线之间的水平距离，单位：cm。

实际计算时，推荐采取 $z = 1.6$ cm，对于 D 轴转向架（我国常用的转向架），$2b_2 = 195.6$ cm，这样式（6-15）简化为

$$P_k = 0.52\frac{K_1 K_2}{K_1 + K_2}\ (\text{N}) \tag{6-16}$$

变换成

$$P_k = 0.52\frac{K_1}{K_1/K_2 + 1}\ (\text{N}) \tag{6-17}$$

在进行构架强度计算时，如果构架的抗扭刚度 $K_2 \gg K_1$，则可以略去上式中 K_1/K_2 一项，进一步简化成

$$P_k = 0.52K_2\ (\text{N}) \tag{6-18}$$

当然，按式（6-18）算出的 P_k 值要偏大些，用它来校核构架的强度是偏于安全的。

另外，从式（6-17）也可看出，如果减小 K_2，P_k 就会减小。因此，为了降低作用在构架上的垂直斜对称载荷，不仅要尽可能降低轴箱弹簧的刚度 K_1，同时构架的抗扭刚度 K_2 也不要做得很大。为此，国外出现了把构架横梁做得很弱的所谓柔性构架，这种构架抗扭刚度很小，即在垂直斜对称载荷作用下变形很大，以致上述线路不平顺及转向架有关零件的制造误差对构架垂直斜对称载荷的影响就很小。

9. 制动时的载荷

列车在运行中实施制动时，在车辆上有以下两种纵向力的作用。

（1）在采用空气制动机的情况下，列车开始制动时，由于列车中前、后车辆不是同时发生制动作用，这样必然要引起车辆间的纵向冲击，其纵向力以集中力的形式、大小相等、方向相反地作用在车体底架两端的后从板座上（即前述作用在车体上的第一工况的纵向力）。这种纵向力对转向架的受力没有影响。

（2）当全列车的所有车辆均发生制动作用后，车辆间的纵向冲击消失，制动力却逐渐增大至最大值，由于车辆在制动力作用下做减速运动，就将引起车体和转向架质量的纵向惯性力，这种纵向惯性力对车体的作用远不及上述纵向力严重，故可不计；但它对转向架有一定影响。

在图 6-12 中，制动时钢轨给予车辆的最大制动力（其方向与车辆运行方向相反）由式（6-19）决定

$$F = P\mu g \ (kN) \tag{6-19}$$

式中，P 为车辆垂直静载重，又称车辆黏着重量，它等于车体和转向架的自重以及车辆载重之和；μ 为轮轨间的黏着系数，一般取 $\mu = 0.25$。在制动力的作用下，车辆的最大减速度为

$$a = \frac{F}{P} = \mu g \tag{6-20}$$

式中，g 为重力加速度，计算时常取 $10 \ m/s^2$。

这时，车体的纵向惯性力 Q 将引起前、后（按车辆运行方向）转向架的垂直增减载荷 P_a 以及作用在转向架心盘处的水平载荷 T_a，如图 6-12 所示。根据车体受力平衡，得

$$P_a = \frac{Qh}{L} \tag{6-21}$$

$$T_a = \frac{Q}{2} \tag{6-22}$$

式中，h 为重载车体的重心至心盘面的垂直距离，单位：m；L 为车辆定距，单位：m。

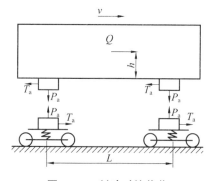

图 6-12　制动时的载荷

而 $Q = P_1 a = 2.5P_1 (kN)$，P_1 为车体垂直静载重（车体自重与载重之和）（t）。

目前，在使用空气制动机和铸铁闸瓦的情况下，车辆最大制动力（或最大减速度）发生在制动过程的末尾，即低速时。这时，作用在转向架上的其他动载荷如垂直动载荷和侧向力都比较小了，因此，在计算转向架摇枕、构架的强度时，一般都不考虑制动载荷的作用。只是在计算基础制动装置零件的强度时，才必须考虑制动时由制动装置传来的力的作用。

6.3.2　转向架构架的模型

1. 转向架主要参数

转向架的主要布局就是由对称的两个侧梁及两根横梁组成，其主要技术参数、具体参数如表 6-1 和表 6-2 所示。

表 6-1　转向架主要技术参数

项目	参数
设计最高速度/(km·h^{-1})	250
营业最高速度/(km·h^{-1})	200
额定轴重/kN	137.2（14 t）
满员时最大轴重（200%定员）/kN	156.8（16 t）
编组能通过的最小曲线半径/m	180
转向架转角/(°)	4.0
轴距/mm	2 880
车轮直径新/磨耗到限/mm	$\phi800/790$
轮对内侧距/mm	1 353$^{+2}_{-1}$
适用轨距/mm	1 435

表 6-2　转向架具体参数

项目		参数	
		动车组转向架 SKMB-200	拖车组转向架 SKTB-200
转向架质量/t		7.50	6.87
固定轴距/mm		2 500	
车轮直径/mm		$\phi860$（最小使用直径 $\phi790$）	
轴承中心间距/mm		2 000	
转向架最大长度/mm		3 416	
转向架最大宽度/mm		3 104（直到空气弹簧筒）	
空气弹簧左右间隔/mm		2 460	
空气弹簧有效直径/mm		$\phi850$	
齿轮传动比		85∶28 = 3.04∶1	
车轴轴承		$\phi35$ 密封式双列圆锥滚子轴承	
锁紧装置		油压缸（$\phi45×2$）	油压缸（$\phi32×2$）
制动倍率		18.367（增压比）×2（油压缸数量）= 36.73	
闸片		烧结合金	
轴向定位	方式	转臂式	
	弹性定位节点刚度	纵向：13.7 N·m	
		横向：5.49 N·m	

续表

项目		参数	
		动车组转向架 SKMB-200	拖车组转向架 SKTB-200
减振方式	一系垂向油压减振器	4×19.4 kN	
	二系横向油压减振器	2×58.7 kN	
	二系抗蛇行油压减振器	2×2 448 kN	

2. 构架设定

1）构架类型的确定

对于客运列车，在 3 种类型的转向架构架中，框架型构架自身重力太大，同时加工也比较困难，这些缺点导致构架很难立体地转动，使得该构架渐渐淡出人们的视野；U 形构架结构比框架型构架结构简单，但同样难以加工，尽管在结构上构架中部下凹，便于设计轴箱定位、降低整个构架的重心，可同样自身重力较大，很难满足轻量化的运营要求。相比之下，H 形构架的结构简单、易于加工、方便检修、自身重力小、能够符合不同轨道车辆的设计要求，所以在这三种构架中选择 H 形构架。

2）构架的连接设计

构架与车体的连接方式：构架与车体之间所有的减振部件统称为二系悬挂，其中最主要的减振部件为空气弹簧，它对列车运营的平稳性及舒适性起到关键作用。构架与轴箱的连接方式：转向架的一系悬挂使用的是圆锥橡胶弹簧，因此力最先作用于圆锥橡胶弹簧上。除此之外，车体经由中心销将重力作用于橡胶堆上，橡胶堆传递车体与横梁间的牵引力。

3）构架主要轮廓尺寸的确定

轴距确定为 2 000 mm，轴颈直径为 110 mm，选择 RC3 轴型。根据所选择的轴型确定构架侧梁中心线间的距离，使它与轴颈中心线重合。两个横梁之间的距离需要依据列车的制动装置以及各个吊座的安装位置来确定。当前我国所有的客车转向架轴箱弹簧支柱座在水平方向中心距均为 500 mm（RC3 型轴）。构架侧梁顶面与轨面之间的距离必须能够确保列车前进时不会和底架枕梁发生碰撞，基本上控制在 860～940 mm，侧梁两端下面（和轴箱连接的地方）与铁轨之间的高度差需要根据轴箱的具体尺寸以及轴箱弹簧的大小来确定，必须确保轴箱弹簧压到最底部时不能和轴箱顶部碰到一起。我国生产的构架大部分将此间隙值控制在 50 mm 左右，具体尺寸如表 6-3 所示。

表 6-3　构架具体尺寸

轴型	构架轮廓尺寸（长×宽×高）/mm	固定轴距/mm	构架形式	侧梁中心线间距/mm	连接梁中心距/mm	横梁中心线间距/mm
RC3	3 050×2 800×440	2 750	H 形	800	950	800

3. 构架结构

1）侧梁建模

无论是动车还是拖车构架，都具有一样的侧梁构造。绝大多数的侧梁都是由钢板通过焊接制造出来的，为了让构架承受更大的力，还需采用加强筋。在侧梁中心两侧对称部位开圆孔，便于衔接横梁。侧梁通过轴箱中的弹簧维持稳定，运用了筒形构造，上盖板的构成材料为厚钢。

（1）开始搭建转向架侧梁，该步骤使用轮廓作用以及约束作用来控制侧梁。单击草图编辑器，然后单击 xz，单击"草图编辑"命令，进入到 xz 平面并在 xz 平面作出各部分尺寸，对指定部位进行倒圆角，如图 6-13 所示。

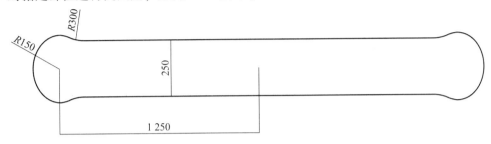

图 6-13　侧梁设计

（2）单击菜单栏的"退出工作台"命令进入立体绘制部分，准备制作侧梁的三维结构，单击"凸台"命令，"长度"键入 440 mm，伸长方向为 y 轴，最后单击"确定"按钮得到侧梁，如图 6-14 所示。

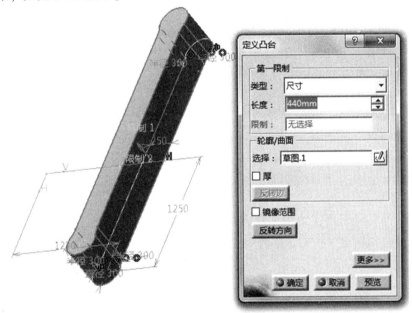

图 6-14　侧梁主体模型

（3）将侧梁打孔用于与横梁的连接，得到如图 6-15、图 6-16 所示的结构。

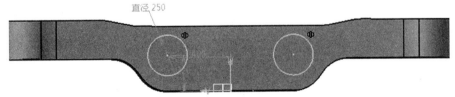

图 6-15　侧梁孔草图

图 6-16 开侧梁凹槽

2) 横梁、纵向连接梁及吊座建模

为了让电机吊座、横梁可以在更好的状态下工作，多数使用减轻自重的方法。减轻自重最有效的方式是在装载吊座的部件上打洞，一般打出圆形的洞。吊座的前部设置了齿轮箱吊座，下面设计了安全挡座，安全挡座上配备了可以满足要求的销，当产生危险时，可以在很大程度上保护好车辆。构架横梁采用没有缝隙的钢管，连接梁采用能够承受高温的钢管，在横梁的中间添加了空气室，方便和两边的空气弹簧支撑梁相互通气，在它们的中间也添加了通风孔和排水孔。

为了能够将两个横梁连接起来，在横梁之间设置纵向梁，这样做不仅可以让构架受载极限增大，还可以装载减振部件。

（1）单击 xz，进入草图编辑器，画一个圆，并对其进行约束，如图 6-17 所示。

（2）退出草图编辑器，单击"凸台"菜单，"长度"键入3 050 mm，单击"确定"按钮，如图 6-18 所示。

图 6-17 横梁草图

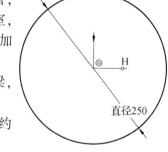

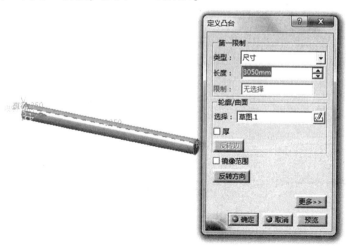

图 6-18 横梁模型

（3）另选择 yz 为参考平面，进入草图编辑器，画一个矩形，并对其进行约束，如图 6-19 所示。

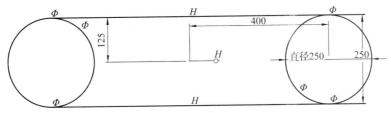

图 6-19　连接梁草图

（4）退出草图编辑器，单击"凸台"按钮，"类型"选择为"尺寸"，"长度"键入 350 mm，单击"确定"按钮，获得如图 6-20 所示的连接梁模型。

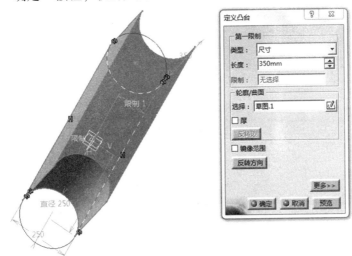

图 6-20　连接梁模型

3）空气弹簧支撑梁建模

空气弹簧支撑梁由钢板组合而成，安装在侧梁外部与横梁的中间，外面和大气构成密封腔，内部和横梁的空气室连通，一起构成了额外的空气室。梁内配备有导筒，目的是为空气室提供足够的空间。

（1）选取 yz 为参考平面，进入草图编辑器，画一个矩形，对其进行约束和切割，使用"镜像"命令将所画图形镜像到另一侧，得到如图 6-21 所示的草图。

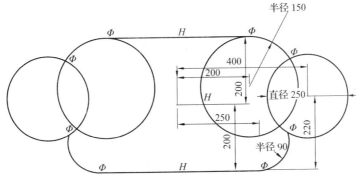

图 6-21　空气弹簧支撑梁草图

（2）关闭草图编辑器，选择"定义凸台"命令，"长度"键入 250 mm，单击"确定"按钮，得到如图 6-22 所示的空气弹簧支撑梁模型。

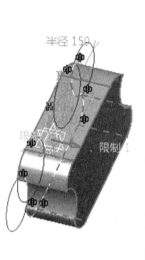
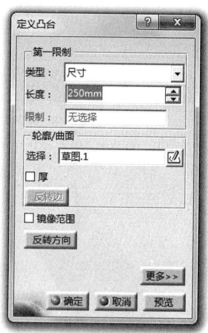

图 6-22　空气弹簧支撑梁模型

（3）对空气弹簧支撑座进行倒角，得到如图 6-23 所示的空气弹簧支撑座模型。

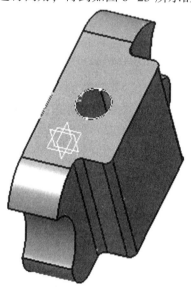

图 6-23　空气弹簧支撑座模型

4）构架的装配

将以上零部件导入装配设计图中，将模型拼装起来，得到如图 6-24 所示的构架装配图。

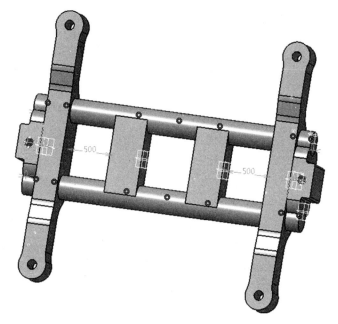

图 6-24　构架装配图

6.3.3　转向架构架模型静力学分析

1. 有限元分析

利用计算机三维人机交互软件 CATIA 建立模型，用 ANSYS Workbench 对构架是否合格进行验证，具体流程如图 6-25 所示。从图中可见，研究人员只需要根据计算原理，选择合适的分析方式，其他的步骤都可以由计算机软件来完成，研究人员的主要工作就是确定 CATIA 三维模型、准备原始数据和计算结果的整理和分析，具体如下：

（1）结合工程学原理，运用 CATIA 三维软件建立并分析车辆转向架构架的三维模型；

（2）利用 ANSYS Workbench 进行原始数据的键入和模型求解的定义；

（3）通过 ANSYS Workbench 进行结果的整理和判断，若评估合格，则设计完成，输出 CATIA 构架模型；否则返回修改构架模型。

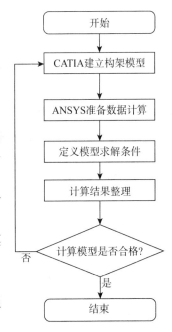

图 6-25　有限元分析流程

2. 超载载荷计算

1）超载运营时的基本垂向力

$$F_{z,\max} = \frac{1.4g}{2n_b}(m_v + c_2 - n_b m^+) \tag{6-23}$$

式中，F_z 为运行时的基本垂向力，单位：N；g 为重力加速度，取 $g = 10$ m/s²；m_v 为运行阶段空车质量，取 $m_v = 35\,880$ kg；c_2 为额定载员质量，取 19 200 kg；m^+ 为转向架质量，取 $m^+ = 7\,500$ kg；n_b 为单个车厢下转向架数量，取 $n_b = 2$。

2）超载运营时的基本横向力

$$F_{y,\,max} = 2\left[10^4 + \frac{(m_v + c_1)\,g}{3n_e n_b}\right] \tag{6-24}$$

式中，F_y 为运行时转向架承受的横向力，单位：N；c_1 为额定载员质量，取 $c_1 = 24\,160$ kg；n_e 为每台转向架的轮对数量，$n_e = 2$。

3）垂直斜对称载荷

在超常工况下的斜对称载荷，需考虑轨道 1% 扭曲产生的载荷。构架扭曲量按 1% 来考虑，垂直斜对称载荷约为 10 kN，对角同向施加 $P_k = 10$ kN 的运营载荷模拟量。

3. 导入几何模型

添加静力学分析模块，如图 6-26 所示。导入三维模型后得到如图 6-27 所示的模型，然后添加材料信息，材料信息如表 6-4 所示。

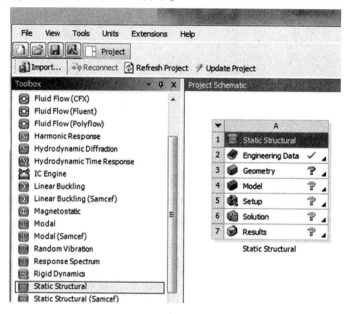

图 6-26 添加静力学分析模块

图 6-27 模型生成

表 6-4　碳素钢 Q345R 与铝合金的材料属性

材料	屈服应力/MPa	弹性模量/MPa	泊松比	密度/(kg·m⁻³)
Q345R	345	212	0.30	7 850
铝合金	340	71	0.33	2 700

首先，新建材料 Q345R 和铝合金，添加弹性模量和泊松比，如图 6-28 所示。然后，右击 Model 进入设置分析界面，修改模型材料，如图 6-29 所示。

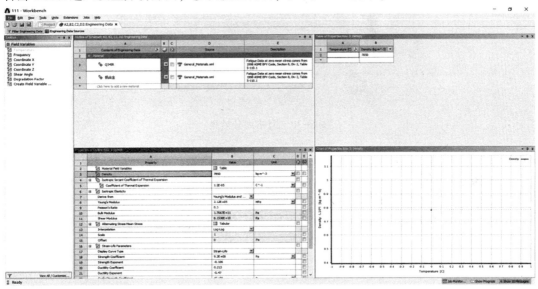

图 6-28　定义材料参数

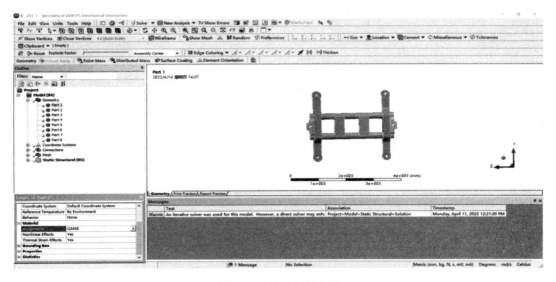

图 6-29　修改材料模型

4. 网格划分

单击 Mesh 命令，指定网格的尺寸大小为 0.05 m，右击 Generate Mesh 命令，这个时候弹出划分过程条，代表已经在划分网格，当该步骤结束后，过程条就会消失。网格划分效果如图 6-30 所示。

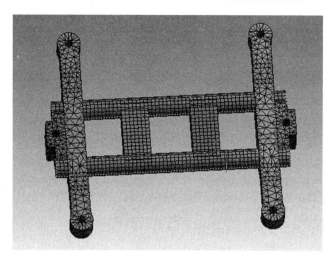

图 6-30　网格划分效果

5. 施加约束与载荷

（1）单击 Static Structural，选择 Supports 命令，选择下拉菜单中的 Fixed Support 命令，此时左边分析模块会出现 Fixed Support 选项。

（2）单击 Fixed Support，按住〈Control〉键，选取侧梁在侧梁底面添加固定约束，选中后，单击 Apply 命令，如图 6- 31 所示。

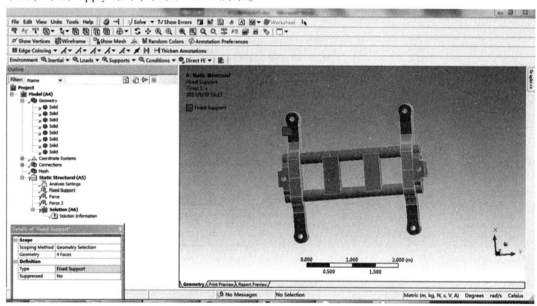

图 6-31　施加固定约束

（3）单击 Static Structural，选择 Loads 命令，选择下拉菜单中的 Force 命令，此时左边分析模块会出现 Force 选项。

（4）选中 Force，按住〈Control〉键，选择弹簧支撑座上表面，选中后，单击 Apply 命令，并键入 160 kN 的垂向力；之后选中侧梁的侧面添加 120 kN 的横向力；最后选中一个侧梁上表面（如图 6-32 中的 D 所示）添加 10 kN 的力和另一个侧梁的下表面（如图 6-32 中的 E 所示）添加 10 kN 的力，来模拟垂直斜对称载荷。最终边界条件和载荷条件如图 6-32 所示。

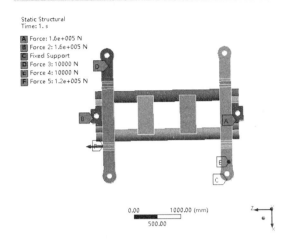

图 6-32　最终边界条件和载荷条件

6. 求解

右击 Static Structural 并选择 Solve，等到进度条消失，求解就完成了。单击 Solution，在 Solution 菜单栏中选择 Deformation，再选择 Total，之后再从 Solution 菜单栏中选择 Stress 后选择 Equivalent（von-Mises），最后右击 Solution，选择 Equivaleng All Results 命令，等待进度条消失。最终得到如图 6-33、图 6-35 所示的位移云图及图 6-34、图 6-36 所示的等效应力云图。

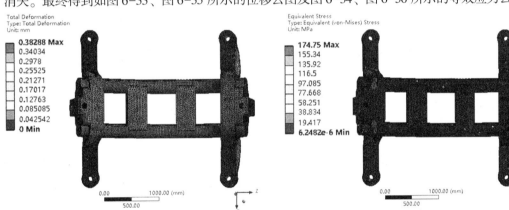

图 6-33　Q345R 位移云图　　　　　　图 6-34　Q345R 等效应力云图

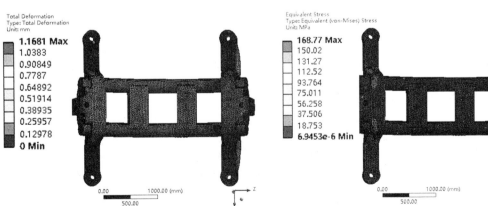

图 6-35　铝合金位移云图　　　　　　图 6-36　铝合金等效应力云图

7. 结果分析

结果可从表 6-5 中得知，当超载载荷加载在构架上时，最大载荷位于固定横梁的端部，大小是 174.75 MPa，所以要对这个位置加以检验，而选用的 Q345R 和铝合金的屈服极限分是 345 MPa 和 340 MPa，因此与要求相匹配。

表 6-5　碳素钢 **Q345R** 与铝合金的云图分析比较

材料	最大变形量/mm	最大应力/MPa
Q345R	0.382 88	174.75
铝合金	1.168 10	168.77

8. 静强度评价与优化

通过 ANSYS 软件进行有限元分析计算，最大应力出现在侧梁的圆角处。通过观察发现，圆角处不够平滑，然后进行优化将圆角变平滑来减小最大应力和最大变形量，得到铝合金转向架构架模型的位移云图和等效应力云图，如图 6-37 和图 6-38 所示。优化后的云图分析比较如表 6-6 所示。

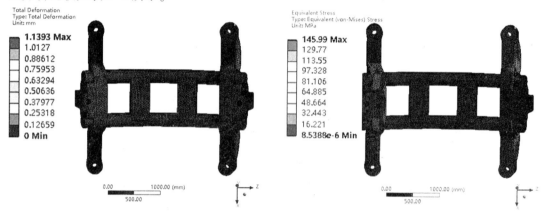

图 6-37　优化后铝合金位移云图　　　　图 6-38　优化后铝合金等效应力云图

表 6-6　铝合金优化后的云图分析比较

结构	最大变形量/mm	最大应力/MPa
优化前	1.168 1	168.77
优化后	1.139 3	145.99

由表 6-6 可知，优化后的铝合金转向架构架的最大变形量减少了 2.47%，最大应力减少了 13.4%，且优化前后都小于材料的许用应力 340 MPa，所以本次优化是有作用的。

6.3.4　转向架构架模型模态分析

1. 模态分析理论基础

机构在其工作过程中一定会发生振动，引起其他部位的共振与疲劳，从而减少机构的使用寿命。为了减少不必要的经济损失，就需要分析出机构本身的固有振动频率和振型等重要振动特性。

模态就是结构系统基于自由振动分析建立的一种固有振动特性。以模态频率的大小进行排序，将其称之为"阶"。模态分析是一种针对动态结构的研究方法，近年来多应用于机械工程领域。模态分析的结果包括模态固有频率和模态振动模式等参数，这些参数用于评估结构系统的动力性能。

在模态分析理论中，单自由度系统和多自由度系统之间存在一定的差异，主要体现在模态参数的识别上。理论上，对于具有 n 个自由度的结构系统，则存在 n 个自振频率和模态振型。对于多自由度系统，在线性范围内，物理坐标系的自由振动响应是 n 个主振动的线性叠加。每个主要振动都是一种特定形态的自由振动，振动频率即为系统的主频率（固有频率），振动形态即为系统的主振型（模态或固有振型）。

自由模态分析是结构分析的常用方法，是模态分析中的一个重要组成部分。这种分析不对系统做任何约束，虽然自由模态只存在于理论，在现实中不会真实发生，但可以分析出结构系统本身的固有特性，所以也是人们研究结构特性的一个必要途径。

结构离散后，多自由度系统中各个节点在运动中的平衡方程式为

$$M\ddot{\mu} + C\dot{\mu} + K\mu = P_t \tag{6-25}$$

式中，μ 为响应矩阵；P_t 为系统激振矢量；M 为结构质量矩阵；C 为结构阻尼矩阵；K 为结构刚度矩阵。

当没有外部负载施加到系统上时，称为自由振动。此时，系统与外部负载无关，即 P_t 取零值，又因为阻尼对系统影响较小，可以忽略不计，故式（6-25）可简化为

$$M\ddot{\mu} + K\mu = 0 \tag{6-26}$$

求解式（6-26）可得

$$\mu = \mu_0 \sin \omega t \tag{6-27}$$

式中，ω 为自由振动的角频率；μ_0 为节点的振幅。将式（6-27）代入式（6-26），进行联立求解，得

$$(K - \omega^2 M)\mu_0 = 0 \tag{6-28}$$

又因为自由振动时各节点不全为零，得自由振动频率方程式为

$$K = \omega^2 M \tag{6-29}$$

2. 构架模态计算

1）导入几何模型

（1）添加模态分析模块，如图 6-39 所示。导入三维模型后得到如图 6-40 所示模型，然后添加材料信息。

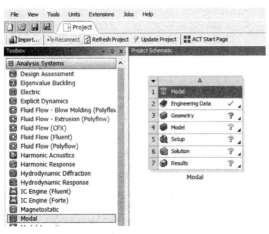

图 6-39　添加模态分析模块

图 6-40 模型生成

（2）转向架构架的材料为铝合金，材料特性如表 6-4 所示。首先，新建材料铝合金，添加弹性模量和泊松比，如图 6-41 所示。然后，右击 Model 打开进入设置分析界面，修改模型材料，如图 6-42 所示。

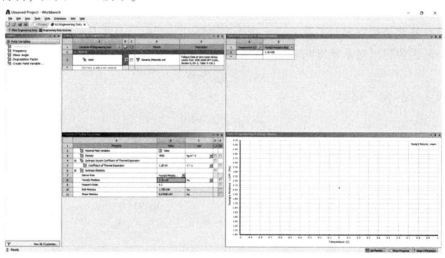

图 6-41 定义材料参数

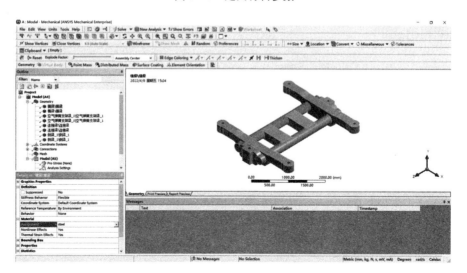

图 6-42 修改材料模型

2）网格划分

单击 Mesh 命令，指定网格的尺寸大小为 0.03 m，右击 Generate Mesh 命令，这个时候弹出划分过程条，代表已经在划分网格，当该步骤结束后，过程条就会消失。网络划分效果如图 6-43 所示。

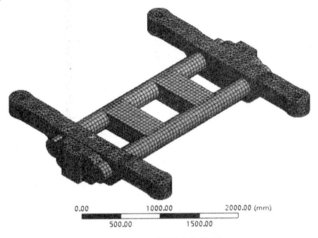

图 6-43　网格划分效果

3）施加约束与载荷

（1）单击 Static Structural，选择 Supports 命令，选择下拉菜单中的 Fixed Support 命令，此时左边分析模块会出现 Fixed Support 选项。

（2）单击 Fixed Support，按住〈Control〉键，选取侧梁在侧梁底面添加固定约束，选中后，单击 Apply 命令，如图 6-44 所示。

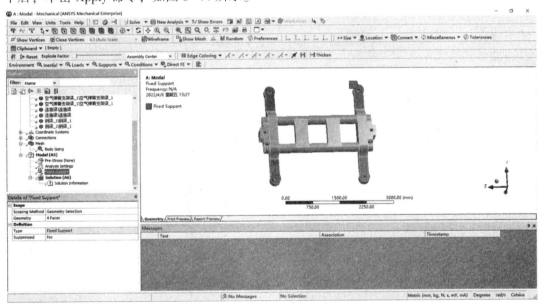

图 6-44　施加固定约束

4）设置最大模态阶数

单击 Ansys Settings→Max Modes to Find，设置最大模态阶数为 8，如图 6-45 所示。

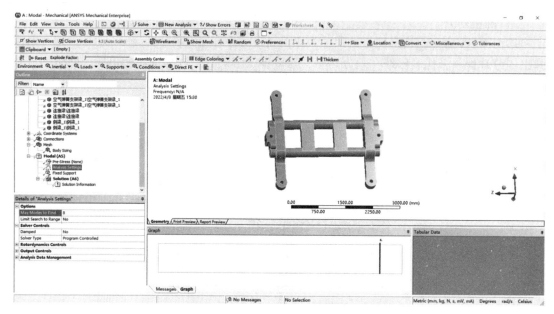

图 6-45　设置最大模态阶数

5）求解

右击 Static Structural 并选择 Solve，等到进度条消失，求解就完成了。首先单击 Solution，在 Solution 菜单栏中选择 Insert，再选择 Deformation，然后选择 Total，总共有 8 阶，需要添加 8 次；然后单击 Total Deformation 2 找到 Mode，将 1 改成 2，后面依次改到 8；最后单击 Solve 命令，等待进度条消失。8 阶模态总图如图 6-46 所示。

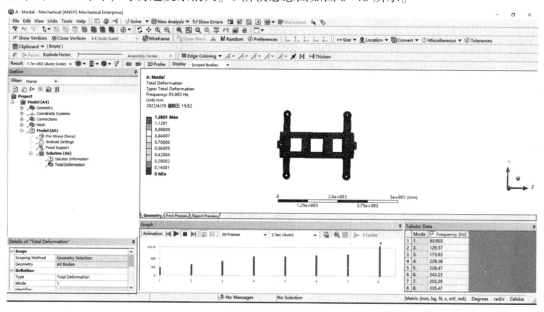

图 6-46　8 阶模态总图

3. 构架模态计算结果及分析

模态分析前处理与静力学分析几乎一致，先选择单元类型，然后键入材料的弹性模量、泊松比及密度，划分网格后对座椅的 4 个脚施加全约束，对模型进行模态分析，得到该构架本身的固有特性。分析结果取前 8 阶固有频率和振型，构架的 1~8 阶固有振动频率如表 6-7 所示。

表 6-7 构架 1~8 阶固有振动频率

模态阶数	固有振动频率/Hz
1	93.903
2	129.57
3	173.93
4	228.38
5	228.47
6	243.23
7	255.29
8	335.47

构架第 1 阶模态的相应振型（见图 6-47）是弯曲振型，具体表现为横梁上下扭转摆动，表示构架弯曲刚度较大，有利于车辆适应轨面不平顺路况，可以使车辆顺利地通过曲线。构架这一阶的频率为 93.903 Hz，是构架的最低阶振动频率，轨面的激振频率在 10 Hz 左右，所以与轨面的激振频率不重合，不会与轨面发生共振现象。

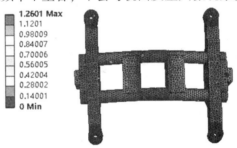

图 6-47 第 1 阶构架振型图

构架第 2 阶模态的相应振型（见图 6-48）为侧梁的横向左右摆动振型，表示构架的侧梁横向弯曲刚度较大，能较好的抵抗结构变形。构架的第 3 阶模态的相应振型（见图 6-49）是横梁的上下纵向摆动振型，这意味着构架的横梁的弯曲刚度较大，能较好地抵抗结构变形。

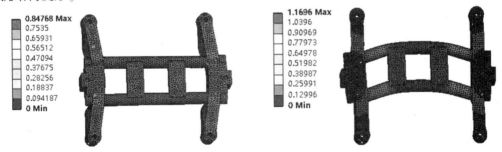

图 6-48 第 2 阶构架振型图　　　　　图 6-49 第 3 阶构架振型图

构架第 4 阶模态的相应振型（见图 6-50）为右边侧梁和横梁还有弹簧支撑座在水平面内以相同的方式运动的振型，构架第五阶模态的相应振型（见图 6-51）为左边侧梁和横梁还有弹簧支撑座在水平面内以相同的方式运动的振型，表示构架的侧梁和横梁还有弹簧支撑的连接刚度较大，构架可适应更加复杂的路况，提升高速列车的运行速度的能力，有良好的减振功能。

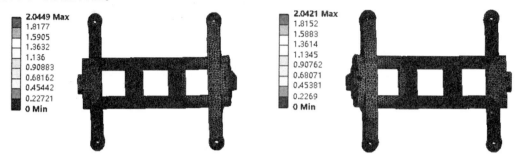

图 6-50　第 4 阶构架振型图　　　　　　　　图 6-51　第 5 阶构架振型图

构架第 6 阶模态的相应振型（见图 6-52）为两个横梁在异方向的弯曲摆动振型，表示在此频率下构架的连接梁与横梁焊接部位的应力应变值较小，不会产生大的影响，有效保证了构架的使用寿命。

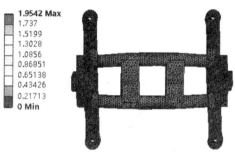

图 6-52　第 6 阶构架振型图

构架第 7 阶模态的相应振型（见图 6-53）为横梁与连接梁上下交互摆动振型，构架第 8 阶模态的相应振型（见图 6-54）为横梁与连接梁水平交互摆动振型，表示构架可以在各种复杂的运营工况中保持车辆稳定，有利于车辆的安全平稳运行。

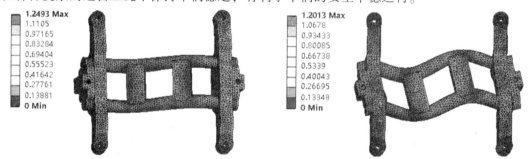

图 6-53　第 7 阶构架振型图　　　　　　　　图 6-54　第 8 阶构架振型图

6.3.5　结论

对于城轨车辆转向架构架结构课程设计而言，构架在运行的过程中，受力情况复杂，侧梁以及横梁之间的距离最为重要，对尺寸参数的选择也比较严格。本设计依据现有文献及实验室模型，选择所需要的构架结构，通过计算最终确定构架所有的参数，方便建立模型。本章以前面的章节获得的参数作为基准，对构架建模，选用方式是把构架拆分成侧梁、横梁、连接梁和空气弹簧支撑座 4 个部件分别绘制，然后通过装配的方法将模型拼装起来，完成对装配模型的建模。本书以城轨车辆关键系统结构强度分析与计算为基础理论分析，并通过三维建模和有限元分析分别对不同材料和不同工况进行强度校核，最终得出以下结论。

（1）经过计算得出 Q345R 和铝合金在同种超载工况下，Q345R 的最大应力大于铝合金，但都小于许用应力；铝合金的最大变形量大于 Q345R，但都不超过转向架构架的安全变形量。两种材料作为转向架构架的强度均能满足标准要求，在此基础上综合考虑质量、耐腐蚀性和最大应力等综合性能，铝合金可以作为转向架构架材料更好的选择。

（2）通过三维建模和有限元分析能够更直观地对不同材料在超载工况下进行对比分析并得出结论，然后用于优化设计中。在确保构架强度合格的条件下，得出平滑的面可以有效减小零件的最大应力，提高转向架构架的使用寿命。

（3）根据模态分析的理论基础对构架的有限元模型进行自由模态分析，通过计算得出构架 1～8 阶模态的固有振动频率和振型模态，确定了构架结构的动态特性，指出了构架中振动的薄弱环节。为构架动态特性的改进设计和有效地避免共振现象的发生提供了参考，对进一步构架的动力学分析也有重要的意义。

6.4　城轨车辆电源箱课程设计

城轨车辆车间电源箱安装位置在列车车厢地板底部。列车底部常常安装有 L 形结构，车间电源箱可通过吊装方式将电源箱上的支架安装固定在 L 形结构上，如图 6-55 所示。

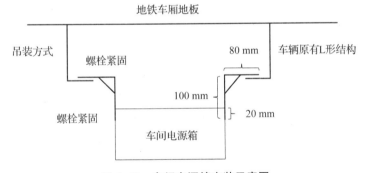

图 6-55　车间电源箱安装示意图

6.4.1　车间电源箱整体结构设计

本课程设计的车间电源箱数据为企业数据，需要设计一个宽×深×高 = 702 mm×359 mm×598 mm 的车间电源箱。由于不锈钢 304 相比于其他材料有更好的强度、可焊性、热导系数，因此，采用不锈钢 304 作为材料。根据目前常用的检修电源箱数据及国标 EN60529 规定的防护等级，不锈钢 304 的厚度均采用 1.5 mm。目前，车间电源箱主流设计思路有两种：门式设计，即采用开关门锁的方法来打开电源箱，如图 6-56 所示；上下盖式设计，采用上下盖的形式，利用 4 个螺钉对上下盖进行固定，如图 6-57 所示。

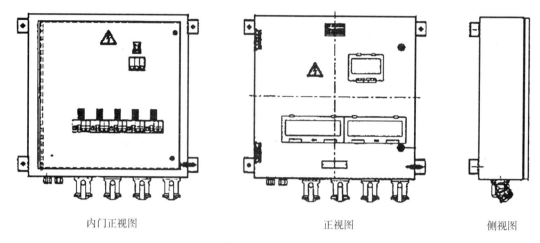

内门正视图　　　　　　　　　　　　正视图　　　　　　　　　　侧视图

图 6-56　门式设计

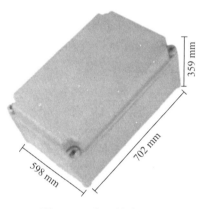

图 6-57　上下盖式设计

本次设计采用上下盖式的设计方法。理由如下：上下盖式固定的密封性高于门式结构，上下盖紧闭后，可在连接处涂一圈密封胶，保证电源箱的密封性，并且可以在一定程度上缓解凝露现象；门式设计方法的门与门框之间存在相对较大的缝隙，在列车长期高速运行下，容易有大量的沙尘进入电源箱内部，甚至在暴雨天气，会有大量水渗入电源箱内部，导致漏电、短路等现象发生，存在极大的安全隐患；门式设计方法由于门与门框之间存在较大的缝隙，导致水蒸气可以很容易进入电源箱内部，不能够有效地防范凝露现象的发生。

6.4.2　电源箱箱体设计及建模

电源箱箱体分为前盖和后盖两大部分。考虑到作业时电源箱的内部元器件的摆放需要较大的空间，后盖深度必须远远大于前盖，同时，参考企业数据设计车间电源箱尺寸，后盖尺寸大小确定为：宽×深×高 = 702 mm×339 mm×598 mm，厚度为 1.5 mm。前盖应拆装方便，且便于放入内部元器件，前盖与后盖用螺栓紧闭可以保证沙尘、雨水不进入其中。相比后盖，前盖的深度要小很多，参考企业数据，前盖尺寸大小确定为：宽×深×高 = 702 mm×20 mm×598 mm，厚度为 1.5 mm。

1. 电源箱后盖建模步骤

（1）打开 CATIA 软件，选择"开始"→"机械设计"→"零件设计模块"，拉出相应的工具栏，零件设计界面如图 6-58 所示。

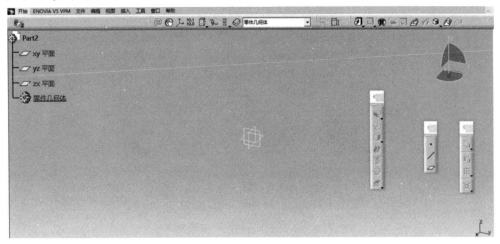

图 6-58　零件设计界面

（2）单击工具栏中的"草图"命令，选择 xy 平面，进入草图编辑界面，绘制箱体的 4 个棱骨架截面，如图 6-59 所示。

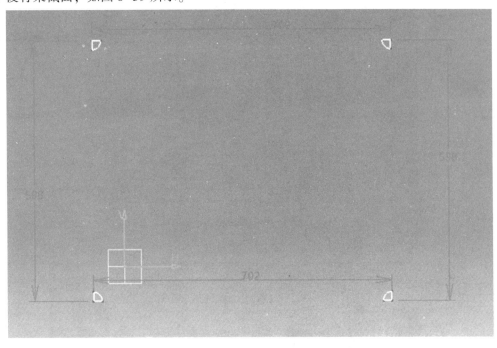

图 6-59　绘制箱体的 4 个棱骨架截面

（3）退出草图界面，单击"凸台"命令，对画好的草图进行拉伸，拉伸长度为 339 mm，拉伸后得到棱骨架如图 6-60 所示。

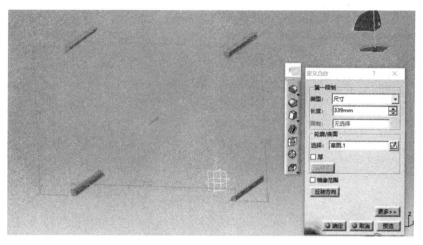

图 6-60　拉伸后的棱骨架模型

（4）使用"草图"命令和"拉伸"命令画出完整箱体，如图 6-61 所示。

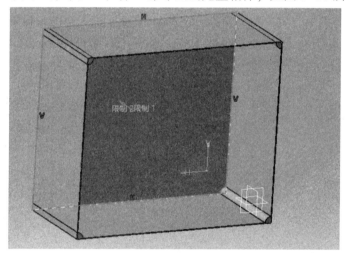

图 6-61　完整箱体

（5）使用"孔"命令在箱体的 4 个角打上螺纹孔，孔的参数如图 6-62 所示。

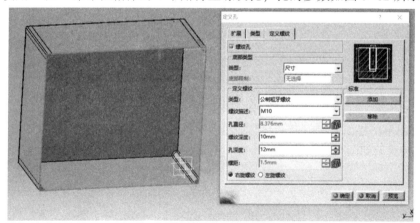

图 6-62　打螺纹孔

（6）用同样的方法在箱体两侧上方各打两个螺纹孔，然后对各边角进行倒角修饰，处理好后的箱体如图 6-63 所示。

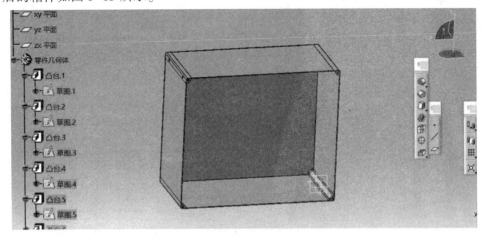

图 6-63　处理好后的箱体后盖模型

（7）反复检查数据以及操作的过程是否正确，若全部正确则电源箱后盖的建模就完成了。

2. 电源箱前盖设计步骤

（1）进入草图编辑界面，先画一个长×宽＝705 mm×601 mm 的矩形，然后在 4 个角抠去半径为 20 mm 的 1/4 圆，得到的草图如图 6-64 所示。

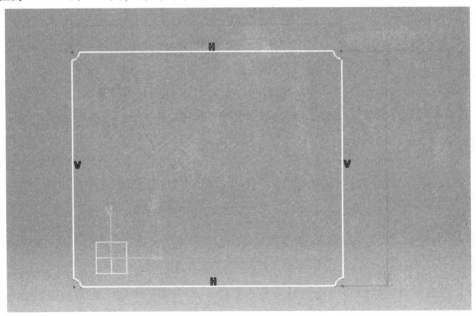

图 6-64　前盖草图绘制

（2）使用"凸台"命令对画好的草图进行拉伸，拉伸长度为 20 mm，再使用"盒体"命令对拉伸后的实体进行抽壳，壳的厚度为 1.5 mm，得到的模型如图 6-65 所示。

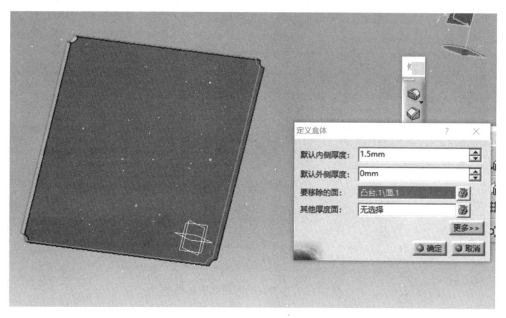

图 6-65　抽壳后的前盖模型

（3）选择最大的一个面，进入草图编辑界面，以此面为基准画一个长×宽＝705 mm×601 mm 的矩形，拉伸 1.5 mm。使用"孔"命令分别在 4 个角打 M10 螺纹孔，处理好后的前盖模型如图 6-66 所示。

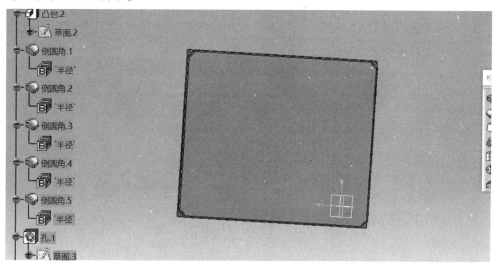

图 6-66　处理好后的前盖模型

（4）反复检查数据以及操作的过程是否正确，若全部正确则电源箱前盖的建模就完成了。

6.4.3　支架设计及建模

电源箱的设计不仅要考虑到电源箱自身的设计，还要考虑到车间电源箱的安装情况。由上述电源箱通过吊装方式安装在列车底部可知，支架安装在电源箱两侧，通过螺栓固定。由于焊接容易撕裂，且螺栓连接可拆卸，焊接不可拆卸，因此不采用焊接的方式，支架的长度与电源箱后盖深度相同。

支架建模步骤如下。

（1）进入草图编辑界面，使用"轮廓"命令绘制一个长轴为 105 mm，短轴为 75 mm，宽度为 5 mm 的 L 形支架截面草图，并使用"约束"命令进行尺寸约束，得到的草图如图 6-67 所示。

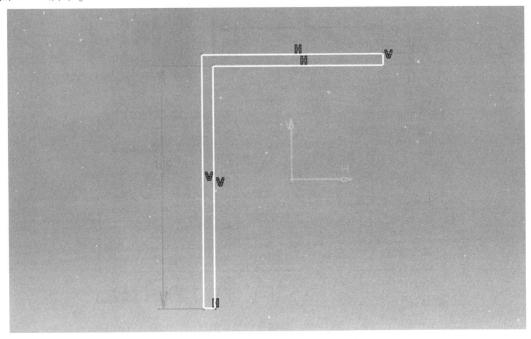

图 6-67　支架截面草图

（2）退出草图界面，使用"凸台"命令对画好的草图进行拉伸，拉伸长度为 340.5 mm，拉伸后得到的支架板模型如图 6-68 所示。

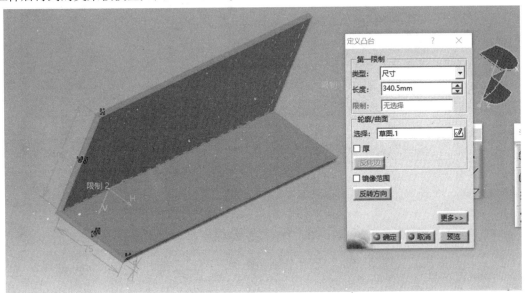

图 6-68　拉伸后的支架板模型

（3）拉伸完成后，使用"孔"命令在支架板上打螺纹孔，螺纹孔的尺寸参数如图6-69所示，打孔后的支架板模型如图6-70所示。

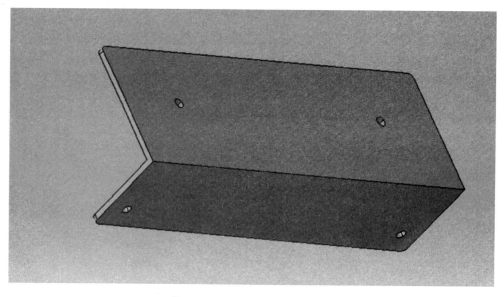

图6-69　螺纹孔的尺寸参数

图6-70　打孔后的支架板模型

（4）拉伸完成后，使用"面"命令分别在距离支架板左端和右端80 mm处建立一个平面，选择该平面进入草图编辑界面，在建立的平面上画出肋截面草图，如图6-71所示。

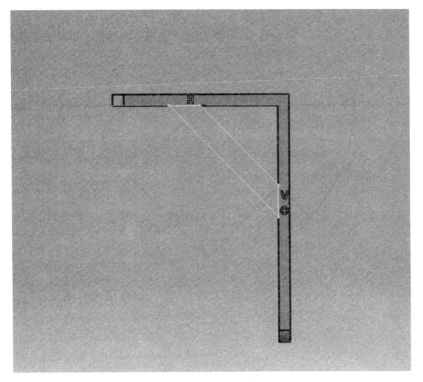

图 6-71 肋截面草图

（5）退出草图编辑界面，使用"凸台"命令对画好的肋截面草图进行拉伸，拉伸长度为 5 mm，再使用"倒角"命令修饰边角，得到完善后的支架模型，如图 6-72 所示。

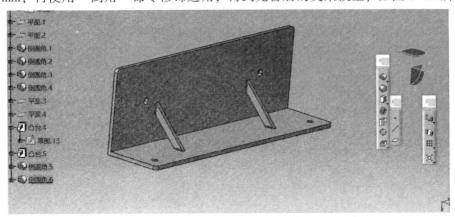

图 6-72 完善后的支架模型

（6）使用上述同样的方法对另一边的支架进行建模。

（7）反复检查数据以及操作的过程是否正确，若全部正确则电源箱支架的建模就完成了。

6.4.4　库用插座设计及建模

库用插座安装在车间电源箱的侧面，检修时，工作人员将电线插头插入库用插座，与内部通电，便于进行检修工作。使用时，将库用插座口处的盖子打开即可。本次设计中的库用插座上盖上部有两个小部件，上面有两个小孔，插口处下方也装有一个相同的小部件，将上盖盖下，三个孔在一条直线上，安装插销可以实现上锁功能。库用插座后方有两个螺栓孔，可用螺栓固定安装在车间电源箱侧面。

1. 插座建模步骤

（1）进入草图绘制界面，选择 xy 平面，以坐标原点为圆心画一个半径为 65 mm 的圆，然后使用"凸台"命令将画好的草图拉伸 194 mm，得到一个圆柱，如图 6-73 所示。

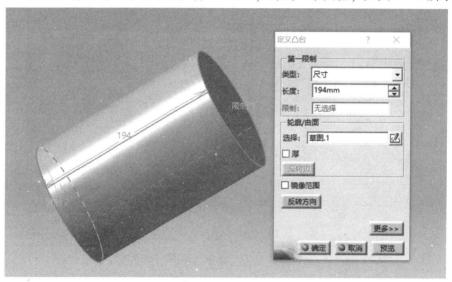

图 6-73　拉伸后的圆柱

（2）选择圆柱的一个底面进入草图绘制界面，画一个半径为 55 mm 的同心圆，退出草图绘制界面，使用"凹槽"命令抠出一个深 20 mm 的凹槽，如图 6-74 所示。

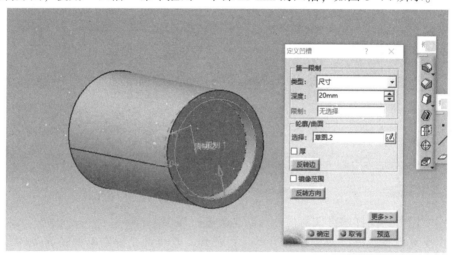

图 6-74　抠凹槽

（3）选择凹槽底面进入草图绘制界面，在该平面内绘制两个大小相等的小圆，如图 6-75 所示。退出草图绘制界面，使用"凹槽"命令将所画两个圆挖去，凹槽深度为180 mm，此时插座孔就完成了，如图 6-76 所示。

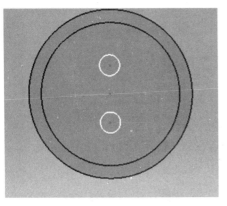

图 6-75　绘制插座孔草图

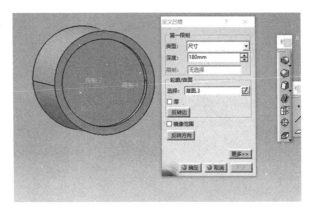

图 6-76　插座孔

（4）选择圆柱的另一个底面进入草图绘制界面，使用"线"命令和"轮廓"命令，再经过尺寸约束绘制草图，如图 6-77 所示。退出草图界面，使用"凸台"命令对画好的草图进行拉伸，拉伸长度为 10 mm，如图 6-78 所示。

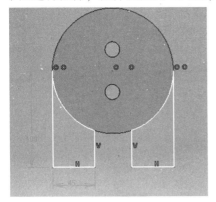

图 6-77　插座底部草图

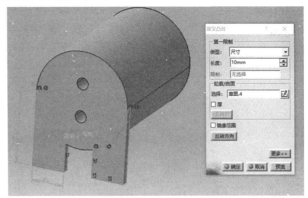

图 6-78　插座底部

（5）使用"孔"命令在插座底板上打螺纹孔，螺纹孔尺寸如图 6-79 所示。

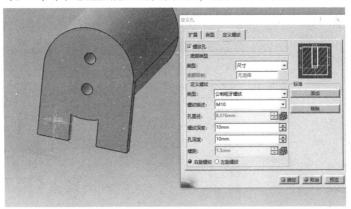

图 6-79　螺纹孔尺寸

（6）将该圆柱转到另一端，选择此端面再次进入草图绘制界面，使用"线"命令和"轮廓"命令，再通过尺寸约束绘制草图，如图 6-80 所示。退出草图界面，再使用"凸台"命令对该草图进行拉伸，拉伸长度为 25 mm，得到的实体如图 6-81 所示。

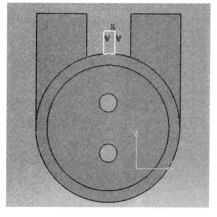

图 6-80　草图绘制

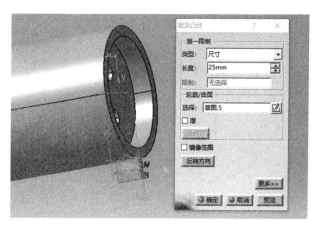

图 6-81　拉伸后的实体

（7）利用"凹槽"命令在拉伸后的实体上挖一个直径为 10 mm 的圆孔，圆孔位置尺寸参数如图 6-82 所示。

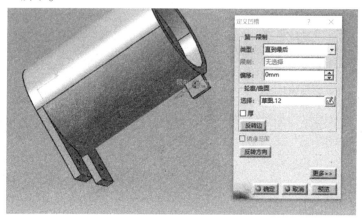

图 6-82　圆孔位置尺寸参数

（8）再次选择该端面，在距离该端面 5 mm 处建立一个平面，选择该平面进入草图绘制界面，使用"线"命令和"轮廓"命令，再通过尺寸约束绘制草图，如图 6-83 所示。退出草图界面，再使用"凸台"命令对该草图进行拉伸，拉伸长度为 20 mm，得到的实体如图 6-84 所示。

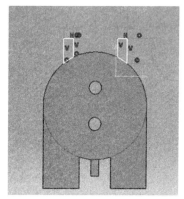

图 6-83　草图绘制

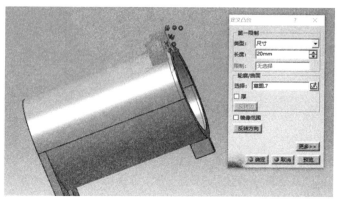

图 6-84　拉伸后的实体

（9）使用"凹槽"命令在拉伸后的实体上挖一个直径为 4 mm 的圆孔，圆孔位置尺寸参数如图 6-85 所示。

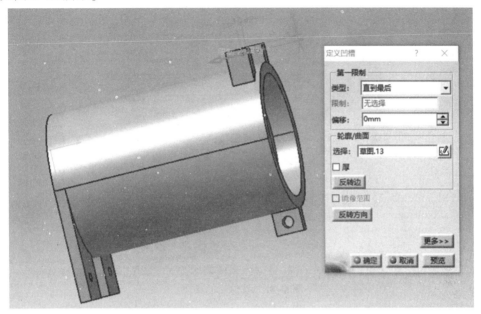

图 6-85　圆孔位置尺寸参数

（10）使用"倒角"命令修饰边角，完善后的插座模型如图 6-86 所示。

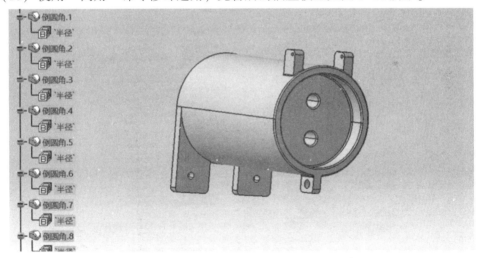

图 6-86　完善后的插座模型

（11）反复检查数据以及操作的过程是否正确，若全部正确则插座的建模就完成了。

2．插座上盖建模步骤

（1）进入草图绘制界面，选择 xy 平面，以坐标原点为圆心画一个直径为 120.73 mm 的圆。退出草图绘制界面，使用"凸台"命令将画好的草图拉伸 10 mm，得到一个圆盘，如图 6-87 所示。

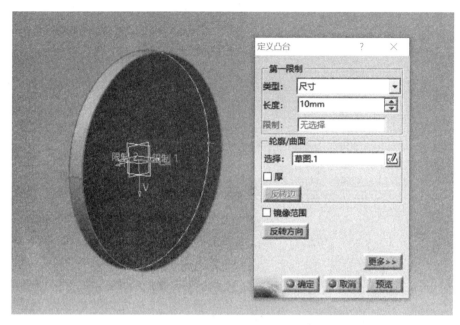

图 6-87　拉伸后的实体

（2）选择圆盘的其中一个底面，进入草图绘制界面，绘制一个直径为 100.73 mm 的同心圆。退出草图界面，使用"凹槽"命令挖掉一个深 4 mm 的凹槽，如图 6-88 所示。

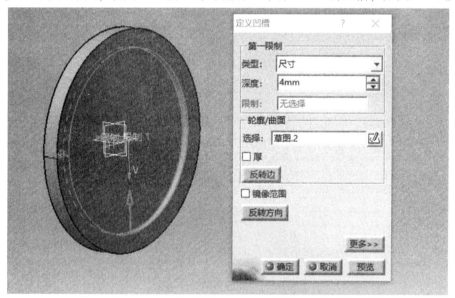

图 6-88　挖掉凹槽后的实体

（3）选择另一个底面再次进入草图绘制界面，使用"线"命令和"轮廓"命令，再经过尺寸约束绘制草图，如图 6-89 所示。退出草图界面，使用"凸台"命令对画好的草图进行拉伸，拉伸长度为 10 mm，如图 6-90 所示。

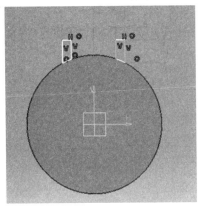

图 6-89　草图绘制

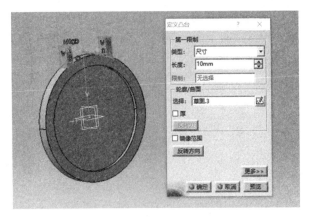

图 6-90　拉伸后的实体

（4）再次选择该面进入草图绘制界面，使用"线"命令和"轮廓"命令，再经过尺寸约束绘制草图，如图 6-91 所示。退出草图界面，使用"凸台"命令对画好的草图进行拉伸，拉伸长度为 20 mm，如图 6-92 所示。

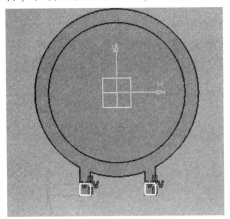

图 6-91　草图绘制

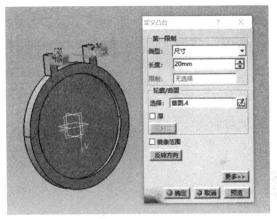

图 6-92　拉伸后的实体

（5）使用"凹槽"命令在拉伸后的实体上挖一个直径为 4 mm 的圆孔，如图 6-93 所示。

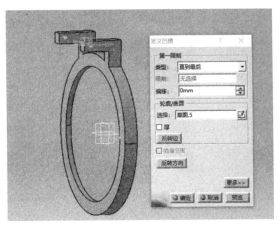

图 6-93　打孔后的实体

107

（6）选择圆盘另一底面进入草图绘制界面，使用"线"命令和"轮廓"命令，再经过尺寸约束绘制草图，如图 6-94 所示。退出草图界面，使用"凸台"命令对画好的草图进行拉伸，拉伸长度为 10 mm，如图 6-95 所示。

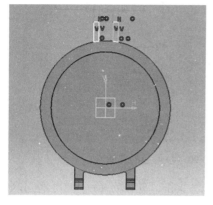

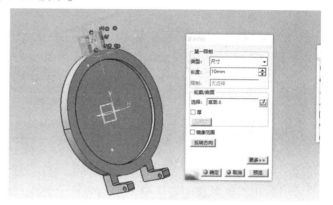

图 6-94　草图绘制　　　　　　　　　　　图 6-95　拉伸后的实体

（7）使用"凹槽"命令在拉伸后的实体上挖一个直径为 8 mm 的圆孔，如图 6-96 所示。

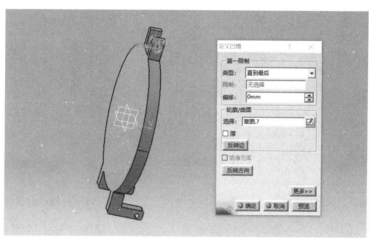

图 6-96　打孔后的实体

（8）使用"倒角"命令修饰边角，完善后的插座上盖模型如图 6-97 所示。

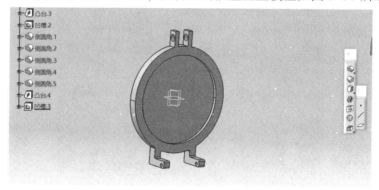

图 6-97　完善后的插座上盖模型

3. 插销建模

进入草图绘制界面，选择 xy 平面，以坐标原点为圆心绘制一个半径为 1.8 mm 的圆。退出草图绘制界面，使用"凸台"命令将画好的草图拉伸，拉伸长度为 100 mm。

4. 插座模型装配步骤

（1）选择"开始"→"机械设计"→"装配设计模块"，插入已经画好的插座、插座上盖、插销，如图 6-98 所示。

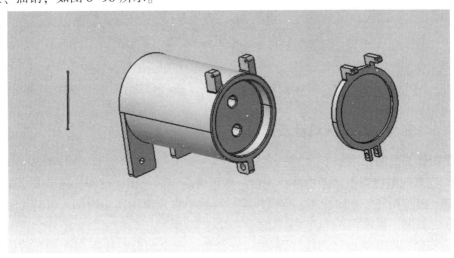

图 6-98　插入模型

（2）使用"相合约束"命令，将插座上方的小孔与插座上盖上方的小孔对齐，再使用"接触约束"命令将这两个零件装配在一起，如图 6-99 所示。

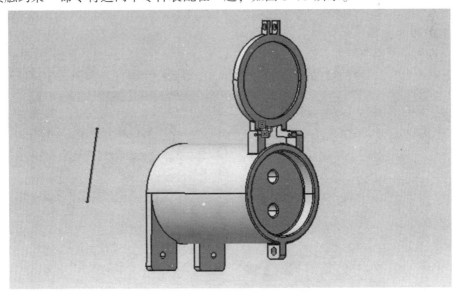

图 6-99　装配插座和插座上盖

（3）再使用"相合约束"命令，将插销轴与上述小孔对齐，平移插销使其插入小孔内。装配好的插座模型如图 6-100 所示。

图 6-100　装配好的插座模型

6.4.5　安全钥匙系统设计及建模

安全钥匙系统的作用如下。

（1）当车间电源箱不处于检修状态时，库用插座上盖关闭。此时，需要安全锁来使得库用插座上盖长期处于紧闭状态，保证沙尘、雨水不进入库用插座内部，以防库用插座在安全作业时失灵、锈蚀。

（2）安全钥匙系统通过钥匙打开/关闭安全锁，安全钥匙往往保存在列车检修点安保处，当钥匙取走被登记，则说明列车处于检修状态。

安全钥匙系统采用铝合金 6061-T651 为材料，安装在库用插座旁边，使用螺栓将安全锁固定在车间电源箱后盖侧面，安全锁的锁芯正好对准库用插座插孔下方的小部件，通过穿过小部件上的小孔来使得库用插座的上盖和下盖紧锁。

1. 安全钥匙系统建模步骤

（1）进入草图绘制界面，选择 xy 平面，以坐标原点为圆心画一个半径为 65 mm 的圆，然后使用"凸台"命令将画好的草图拉伸 24 mm，得到一个圆柱，如图 6-101 所示。

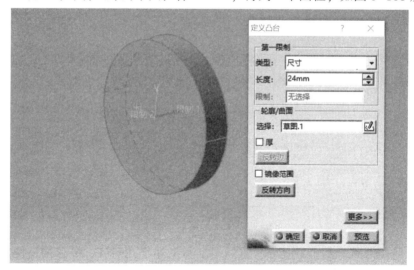

图 6-101　拉伸后的圆柱实体

（2）选择该圆柱的一个底面再次进入草图绘制界面，同样以坐标轴原点为圆心，绘制一个半径为 65 mm 的半圆。退出草图绘制界面，使用"凸台"命令将草图拉伸 100 mm，得到的实体如图 6-102 所示。

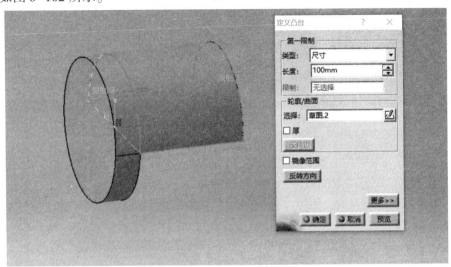

图 6-102　拉伸后的半圆柱实体

（3）选择半圆柱体的矩形切面进入草图绘制界面，绘制一个与该矩形同样大小的矩形。退出草图绘制界面，使用"凸台"命令拉伸 119 mm，得到的实体如图 6-103 所示。

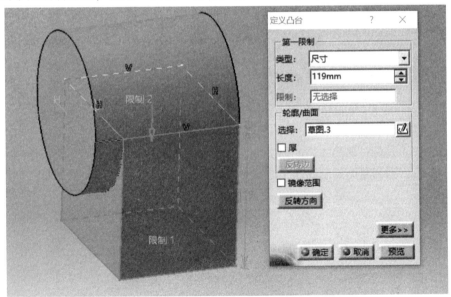

图 6-103　拉伸后的实体

（4）选择上述半圆柱底面，进入草图绘制界面，以坐标原点为圆心绘制一个半径为 65 mm 的 1/4 圆，如图 6-104 所示。退出草图绘制界面，使用"凸台"命令将画好的草图拉伸 70 mm，得到的实体如图 6-105 所示。

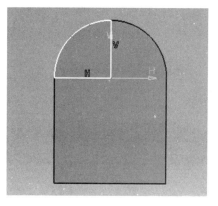

图 6-104　草图绘制

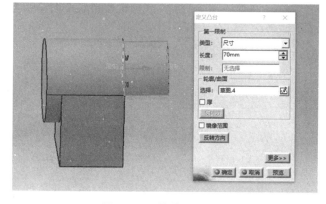

图 6-105　拉伸后的实体

（5）选择实体下方的矩形底面，进入草图绘制界面，绘制一个长×宽 = 100 mm×170 mm 的矩形。退出草图绘制界面，使用"拉伸"命令将画好的草图拉伸 10 mm，拉伸后的实体如图 6-106 所示。

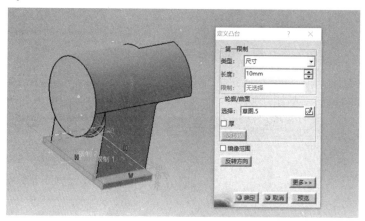

图 6-106　拉伸后的实体

（6）选择上述圆柱的另一个底面，进入草图绘制界面，以坐标原点为圆心绘制一个半径为 55 mm 的圆。退出草图绘制界面，使用"凹槽"命令挖去深 25 mm 的凹槽，如图 6-107 所示。

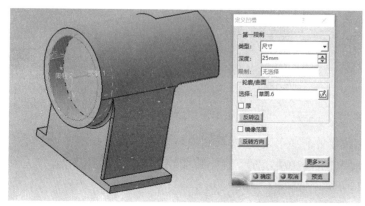

图 6-107　挖去凹槽后的实体

（7）选择凹槽内底面进入草图绘制界面，以坐标原点为中心绘制一个长×宽＝30 mm×10 mm 的矩形。退出草图绘制界面，使用"凹槽"命令挖去深 50 mm 的凹槽，得到的实体如图 6-108 所示。

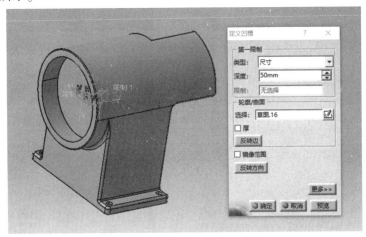

图 6-108　挖去凹槽后的实体

（8）选择 1/4 圆柱底面进入草图绘制界面，绘制一个半径为 5 mm 的圆，如图 6-109 所示。退出草图绘制界面，使用"凸台"命令将画好的草图拉伸 45 mm，得到的实体如图 6-110 所示。

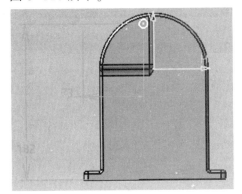

图 6-109　草图绘制

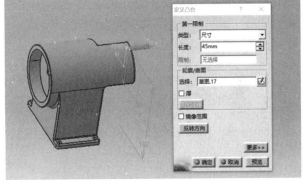

图 6-110　拉伸后的实体

（9）使用"孔"命令在该模型底座部位打螺栓孔，孔的位置尺寸如图 6-111 所示。

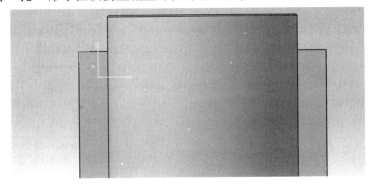

图 6-111　孔的位置尺寸

（10）单击"开始"→"形状"→"创成式外形设计模块"，选择圆柱凹槽底面进入草图绘制界面，在内圆的边缘绘制一个点，如图 6-112 所示。退出草图绘制界面，选择 xz 平面再次进入草图绘制界面，绘制圆柱的中心轴，如图 6-113 所示。

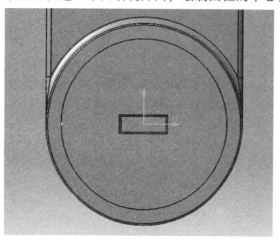 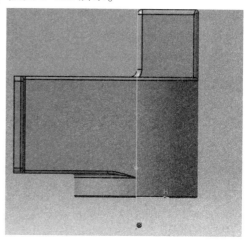

图 6-112　草图绘制（1）　　　　　　　图 6-113　草图绘制（2）

（11）单击"线"命令中的"螺旋线"命令，以上一步骤绘制的点为起点，以上一步骤绘制的中心轴为轴，绘制高度为 25 mm，螺距为 5 mm 的螺旋线，如图 6-114 所示。

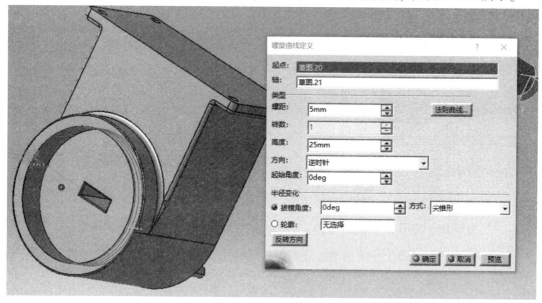

图 1-114　绘制螺旋线

（12）选择 xz 平面进入草图绘制界面，以螺旋线起点为圆心绘制一个半径为 1 mm 的小圆。退出草图绘制界面，单击"肋"命令，以绘制的小圆为轮廓，以螺旋线为中心曲线，绘制内螺纹，如图 6-115 所示。

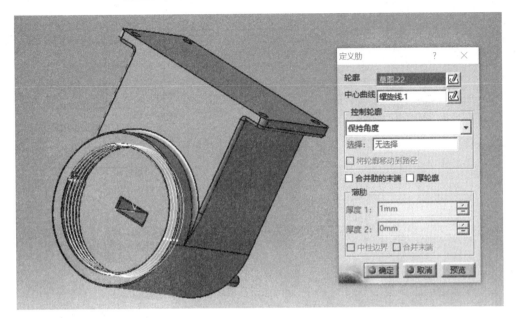

图 6-115　绘制内螺纹

（13）使用"倒角"命令修饰边角，完善后的安全钥匙系统模型如图 6-116 所示。

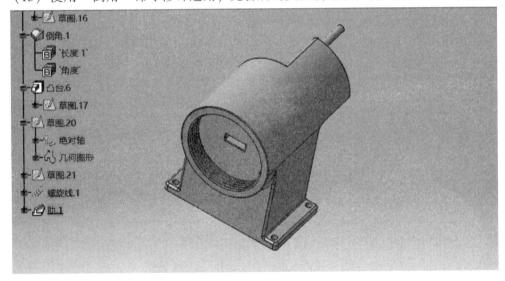

图 1-116　完善后的安全钥匙系统模型

（14）反复检查数据以及操作的过程是否正确，若全部正确则安全钥匙系统的建模就完成了。

2. 锁盖建模步骤

（1）选择 xy 平面进入草图绘制界面，以坐标原点为圆心绘制一个半径为 53 mm 的圆，退出草图绘制界面。使用"凸台"命令将绘制好的草图拉伸 50 mm，得到的实体如图 6-117 所示。

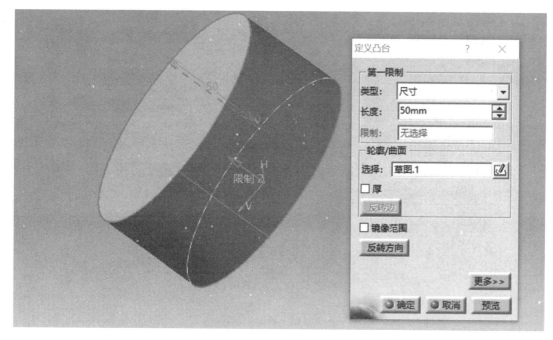

图 6-117　拉伸后的实体

（2）选择圆柱一个底面进入草图绘制界面，在圆的边缘绘制一个点，如图 6-118 所示。退出草图绘制界面，选择 xz 平面再次进入草图绘制界面，绘制圆柱的中心轴，如图 6-119 所示。

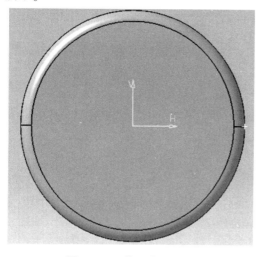

图 6-118　草图绘制（1）

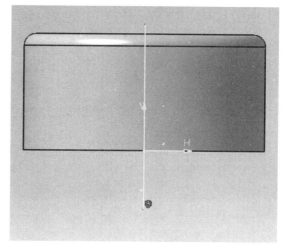

图 6-119　草图绘制（2）

（3）单击"线"命令中的"螺旋线"命令，以上一步骤绘制的点为起点，以上一步骤绘制的中心轴为轴，绘制高度为 25 mm，螺距为 5 mm 的螺旋线，如图 6-120 所示。

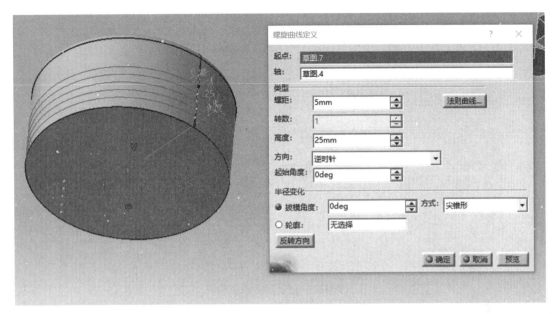

图 6-120　绘制螺旋线

（4）选择 *xz* 平面进入草图绘制界面，以螺旋线起点为圆心绘制一个半径为 1 mm 的小圆。退出草图绘制界面，单击"肋"命令，以绘制的小圆为轮廓，以螺旋线为中心曲线，绘制外螺纹，如图 6-121 所示。

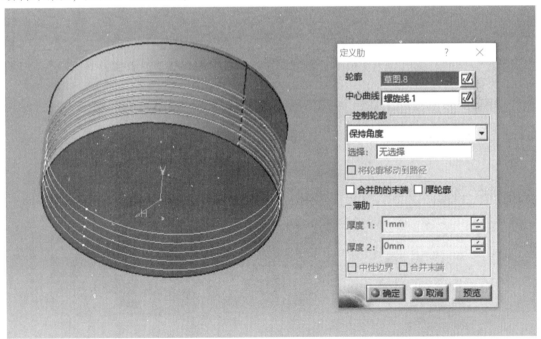

图 6-121　绘制外螺纹

（5）使用"倒角"命令修饰边角，完善后的锁盖模型如图 6-122 所示。

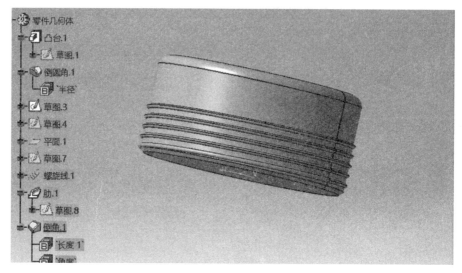

图 6-122 完善后的锁盖模型

（6）反复检查数据以及操作的过程是否正确，若全部正确则锁盖部分的建模就完成了。

6.4.6 电源箱零件装配

单击"开始"→"机械设计"→"装配设计模块"，插入以上建好的各个零部件模型。使用"相合约束"命令将各零件对应的孔对齐，再使用"接触约束"命令，将各零部件装配到一起。单击右下方"目录浏览器"命令插入 M10 型号的螺栓，同样使用"相合约束"命令和"接触约束"命令，将螺栓插入到各个螺纹孔中，装配完成，如图 6-123 所示。

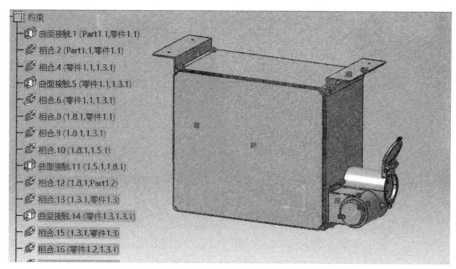

图 6-123 电源箱零件装配

6.4.7 电源箱有限元分析

由于电源箱整体受力都施压在 4 个吊耳处，因此仅对电源箱箱体上部分进行局部仿真分析。在分析过程中不考虑插座和安全钥匙系统，只对箱体和左右支架的装配模型进行分析。

1. 前处理阶段

导入模型：先将 CATIA 建立好的三维模型更改为 model 格式，打开 ANSYS 软件选择 File→Import→CATIA，将箱体和支架的装配模型导入到 ANSYS 软件中，此时模型仅是以线条的模式存在。如图 6-124 所示，选择 PlotCtrls→Style→Solid Model Facets 命令，将导入后的模型变为实体，导入后的实体模型如图 6-125 所示。

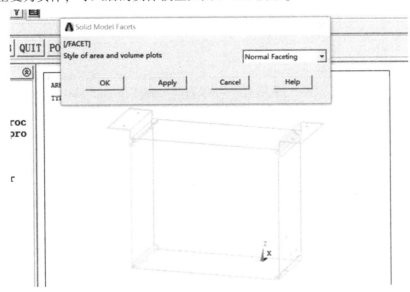

图 6-124 **Solid Model Facets 命令**

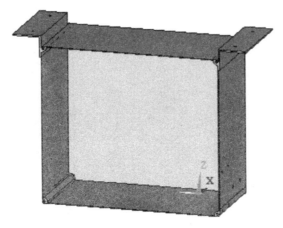

图 6-125 **导入后的实体模型**

选择单元类型：已知实物有塑性、膨胀、应力强化、大变形和大应变能力的特性，建模几乎不能压缩，选择 3D 实体结构 8 节点，每个节点有 3 自由度的 Structural Solid 185 单元类型，如图 6-126 所示。

定义材料属性：上述所设计的电源箱使用的材料为不锈钢 304，查阅相关手册可得其弹性模量和泊松比。单击主菜单中的 Material Props→Material Model Number→Structural→Linear→Elastic→Isotropic 命令，键入弹性模量为 1.93×10^5 MPa，泊松比为 0.29，如

图 6-127 所示。

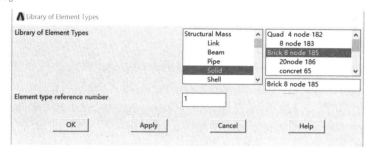

图 6-126　选择单元类型

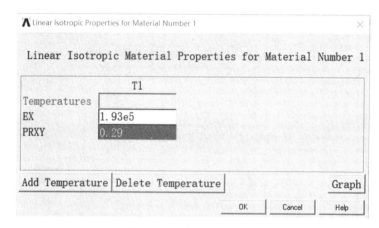

图 6-127　定义材料属性

划分网格：单击主菜单中的 Meshing→Mesh Tool，采用智能划分网格得到 74 247 个节点和 229 583 个单元。网格划分效果如图 6-128 所示。

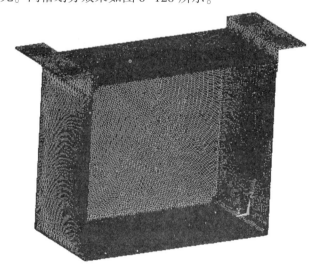

图 6-128　网格划分效果

2. 有限元分析

由于本次设计需要考虑到列车高速行驶时车轮和铁轨间产生的振动及风力等自然因素的影响，因此，为了测试是否能够达到振动标准，将 4 个吊点作为边界条件，按照 3 倍电源箱整体重力施加重力，其中电源箱整体质量为 40 kg。对支架 4 个吊耳处螺栓孔施加全约束，然后在此边界条件的基础上，在施加载荷的面上施加 0.004 3 MPa 的载荷，如图 6-129 所示。

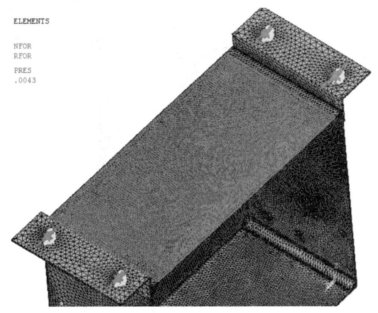

图 6-129　施加约束与载荷

　　经过计算分析后，结果显示整体位移为 1.001 09 mm，主要发生在箱体外边缘处，相较于电源箱的整体结构，其变形量较小，刚度较好，如图 6-130 所示。从图 6-131 可以看出，最大等效应力值为 37.859 5 MPa。将云图局部放大，如图 6-132 所示，最大应力发生在箱体后盖与顶部相交的棱处，但其数值远小于材料的屈服强度 300 MPa。

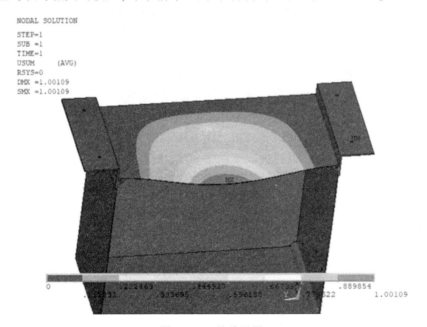

图 6-130　位移云图

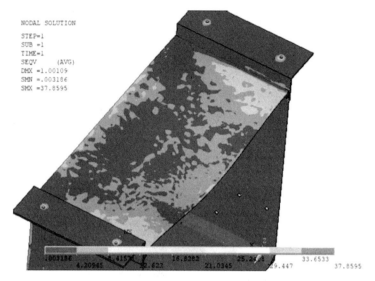

图 6-131　等效应力云图

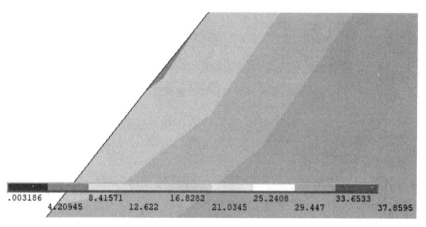

图 6-132　箱体棱局部等效应力云图

　　本节主要对车间电源箱结构进行了设计，以确保列车在车间检修作业过程中作业人员的安全，同时解决车间电源箱凝露问题。基于企业实际数据、确定了基于安全钥匙系统和解决凝露问题的车间电源箱设计方案，利用 CATIA 软件绘制了三维图形，利用 ANSYS 软件对车间电源箱体受力进行了有限元分析。用不锈钢 304 和铝合金 6061-T651，根据仿真分析结果及两种材料的对比，最终选取不锈钢 304。根据仿真结果表明，车间电源箱设计思路、方案合理有效的。

6.5　小　结

　　本章首先给出城轨车辆课程设计过程，即 CAD 方法建立城轨车辆零部件的三维模型，然后将几何模型导入有限元分析软件中建立有限元模型，对车辆零部件结构进行有限元分析，并根据有限元计算结果提出了优化方案。

复习思考题 ▶▶▶ ▶

6-1　CRH380A 列车的抗侧滚扭杆参数如表 6-8 和表 6-9 所示，请给出其课程设计。

表 6-8　CRH380A 抗侧滚扭杆主要性能参数

序号	参数	数值
1	轴重/t	15
2	轴距/m	1.5
3	车辆定距/m	17.5
4	动车转向架质量/t	7.3
5	拖车转向架质量/t	6.7
6	轨距/m	1.435
7	柔性系数	0.2
8	曲线最小半径/mm	3 500
9	曲线最大超高/mm	150
10	纵向最大位移/m	0.01
11	横向最大位移/m	0.045

表 6-9　CRH380A 抗侧滚扭杆主要技术参数　　　　　单位：mm

序号	参数	数值
1	两连杆间距	1 480
2	连杆长度	408.5
3	扭转臂有效长度	200
4	连杆偏离转向架横向中心线	34

6-2　某机车车辆的车轴参数如表 6-10 所示，请给出其课程设计。

表 6-10　车轴参数　　　　　单位：mm

序号	参数	数值	
		动力车轮	非动力车轮
1	车轴总长	2 298	2 382
2	轴径直径	1 660	1 660
3	轴径中心距	2 000	2 000
4	轴身直径	340	340

6-3　某机车车辆的制动盘参数如表 6-11 所示，请给出其课程设计。

表 6-11　制动盘参数

参数	数值
可磨耗度/mm	7
盘毂和车轴过盈配合尺寸/mm	0.2

参数	数值
径向螺母栓	12 个
制动盘速度/(km·h⁻¹)	70% ~ 79%，100
制动盘直径/mm	75% ×840＝630
内径/mm	350
制动盘厚度/mm	45
散热筋厚度/mm	33
不平行度/mm	<0.05
盘面摆差/mm	<0.1
散热筋形状	10 mm 圆柱体
螺母	半径 7 mm，边长 11.472 mm，长度 9 mm，螺栓长度 91 mm

6-4　某机车车辆悬挂装置钢弹簧参数如表 6-12 所示，请给出其课程设计。

表 6-12　外弹簧和内弹簧的参数

参数	数值	
	外弹簧	内弹簧
钢丝直径 d/mm	37.6	22.0
中径 D_2/mm	202.4	120
外径 D/mm	240	142
小径 D_1/mm	164.8	98
旋向	右旋	左旋
总圈数 n	5.75	8.5
有效圈数	3.75	6.5
自由状态高度 L/mm	311	309
热处理后表面硬度	42 ~ 48 HRC	42 ~ 48 HRC

第7章
城轨车辆客室内饰零部
件课程设计

随着科技的发展，城轨车辆作为一个城市必不可少的交通系统，肩负着载运乘客的重要使命。现代化的城轨车辆更加注重"以人为本"的设计理念，不仅要求车辆具备较高的安全性，更需要车辆的设计体现人性化、舒适性。其中，地铁车辆内饰零部件包括座椅、扶杆和拉环等，客室座椅作为地铁车辆内饰的重要部件，其基本功能是为乘客提供舒适的休息场所和愉悦的乘车体验，因此设计舒适、安全的客室座椅越来越受到人们的重视。目前，国内城市的地铁车辆客室座椅主要分为沿车体侧墙纵向布置和垂直于侧墙横向布置两种形式。本章仅以地铁车辆横向布置双人座椅为例给出课程设计过程，即先利用人机工程学原理设计座椅参数，再通过有限元进行力学特性分析。

7.1　设计方案

运用 CATIA 建立座椅三维模型，并用 CATIA 中的人机工程学设计与分析模块进行舒适度评估，设计流程如图7-1 所示，具体步骤如下：

（1）依据人机工程学原理和设计所需的人体尺寸，进一步确定地铁座椅的尺寸参数；

（2）根据所确定的尺寸参数，通过 CATIA 三维软件建立地铁座椅的三维模型；

（3）通过 CATIA 中的人机工程学设计与分析模块置入假人模型；

（4）通过人体姿态舒适度分析评估舒适值，若评估结果合格则设计完成，若评估结果不合格则返回修改尺寸参数。

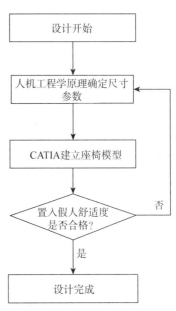

图7-1　地铁座椅设计流程

7.2　人机工程学原理

城轨车辆内装设计，不能只限于对车体及内部设施本身之造型、色彩、装饰及美学的考虑，而应该在设计中围绕使用者进行探讨，从使用者与设施、设备的关系出发，着重考察车辆内部设施与设备的人机工程学性能。因此，目前国内外城轨车辆内饰设计主要是依据人机工程学相关原理和方法而进行的，从而最大限度地体现设计的人性化、舒适性和安全性。

7.2.1　人机工程学概述

人机工程学是人体科学、工程技术、劳动科学和企业管理等科学相互交叉的一门综合性的新兴边缘科学，是基于对人和机器、技术的深入研究，发现并且利用人的行为方式、工作能力、作业限制等特点，以提高生产率、安全性、舒适性和有效性的一门工程技术科学，被人们称为"解决人的工作效能及健康问题的理论与方法"的一门科学。

该学科的显著特点是在认真研究人、机、环境三要素自身特性的基础上，不单纯着眼于单一要素的优化与否，而是将使用机的人、所设计的机以及人与机所共处的环境作为一个人-机-环境系统来研究，其目标就是科学地利用三要素之间的有机联系来寻求系统的优化。人-机-环境系统是指由共处于同一时间和空间的人与其所使用的机器及其周围的环境所构成的系统。在人-机-环境系统中，人、机、环境相互依存、相互作用、相互制约，从而完成某一特定的生产或生活过程。

如图 7-2 所示的人-机-环境系统中，"人"是指操作者或使用者；"机"泛指人可操作与可使用的物，可以是机器，也可以是用具或生活用品、设施、计算机软件等各种与人发生关系的一切事物；"环境"是人与机共处的环境，如作业场所和作业空间、自然环境和社会环境等。

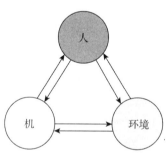

图 7-2　人-机-环境系统

具体地说，城轨车辆设计中的人机工程学要求在设计中从人的生理和心理特性出发，研究与解决人-机-环境系统协调统一的有机联系，使车辆设施、设备满足人的生理与心理要求，从而使乘坐及作业环境更加安全舒适。

人机工程学的研究内容主要包括以下内容。

（1）人的因素方面：包括人体生理限制、人体测量数据及生物力学、人的操作可靠性、人的行为及反应特征、心理感知与情感需求等。

（2）机的因素方面：主要包括显示器、控制器、工作台、座椅等与人的操作有关的物的设计。

（3）环境因素方面：既包括采光、照明、尘毒、噪声等对人身心产生影响的物理环境因素，还包括人生活其中的社会总体价值观念、群体行为、人文环境等，其目的是使机器设备、工具及作业场所符合人的价值取向，为使用者创造安全、舒适、健康和高效的工作条件。

（4）人机系统的综合研究：包括研究人机系统的整体设计、工作设计、岗位设计、信息设计、交互方式设计、环境设计、作业方法及人机系统的组织管理等。

人机工程学的研究广泛采用了人体科学和生物科学等相关学科的研究方法及手段，也采用了系统工程、理论工程、控制理论、统计学等其他学科的研究方法，从而形成了一些独特的研究方法以探讨人、机、环境要素之间的复杂关系问题。目前，常用的人机工程学研究方法包括以下内容。

（1）自然观察法：研究者通过观察和记录自然情境下发生的现象来认识研究对象的一种方法。自然观察法是有目的、有计划的科学观察，是在不影响事件的情况下进行的，观察者不参与研究对象的活动，这样可以避免对研究对象的影响，保证研究的自然性与真实性。自然观察法也可以借助特殊的仪器进行观察和记录，这样能更准确、更深刻地获得感性知识。

（2）实测法：借助于实验仪器进行实际测量的方法，也是一种比较普遍使用的方法。

（3）实验法：当实测法受到限制时所选择的方法，实验可以在作业现场进行，也可以在实验室进行。

（4）分析法：对人机系统研究已取得的资料和数据进行系统分析的一种方法。目前，人机工程学领域常用的分析法有瞬间操作分析法、频率分析法、危象分析法和相关分析法等。

（5）计算机辅助仿真法：随着计算机技术、数字技术和虚拟现实技术的发展，在数字环境中建立人体模型成为可能，这样就可以利用人体模型模仿人的特征和行为，描述人体尺寸形态和人的心理（如疲劳等），数字人体模型和虚拟现实技术可以使产品设计与产品的人机分析过程可视化。

人机工程学和工业设计在基本思想与研究内容上有一些共同之处：人机工程学的基本理论"产品设计要适合人的生理、心理因素"与工业设计的基本观念"设计以人为本，产品应同时满足人们的物质与文化需求"，其意义基本相同，只是侧重点有所不同。人机工程学与工业设计都着重研究人与物之间的关系，研究人与物交互界面上的问题。但同时工业设计在发展历程中融入了更多的关于艺术、美学、创意等探求文化象征意义的因素，其工作领域还包括视觉传达设计、环境艺术设计等方面，而人体工程学则主要在劳动与管理科学中广泛应用，这是二者的主要区别。

尽管如此，现代人机工程学还是在工业设计领域中得到了广泛的应用，主要表现在以下几个方面。首先，人机工程学的研究为工业设计中考虑人的因素提供了人体尺度测量数据。应用人体测量学、人体力学、生理学、心理学等学科的研究方法，对人体结构特征和机能特征进行研究，提供人体各部分的尺寸、质量、体表面积、密度、重心及人体各部分在活动时的相互关系和可及范围等人体结构特征参数，提供人体各部分的发力范围、活动范围、动作速度、频率、重心变化及动作时的惯性等动态参数，分析人的视觉、听觉、触觉、嗅觉及肢体感觉器官的机能特征。分析人在劳动时的生理变化、能量消耗、疲劳程度及对各种劳动负荷的适应能力，探讨人在工作中影响心理状态的因素及心理因素对工作效率的影响等。

其次，人机工程学的研究为工业设计中产品的功能合理性提供了科学依据。现代工业设计强调以用户为中心，如果局限于纯物质功能的创作活动而不考虑人机工程学的需求，那就是创作活动的失败。因此，如何产出生理和心理相协调的产品，将是当今工业设计在功能问题上的新课题。

最后，人机工程学的研究为工业设计中考虑环境因素也提供了设计准则。通过研究人体对环境中各种物理因素的反应和适应能力，分析声、光、热、振动、尘埃及有毒气体等因素对人体的生理、心理及工作效率的影响，确定了人在生产和生活活动中所处的各种环境的舒适范围和安全限度，从保证人体的健康、安全、合适和高效出发，为工业设计中考虑环境因素提供了设计方法和设计准则。

人机工程学为工业设计开拓了新设计思路，并提供了独特的设计方法和理论依据。社会发展，技术进步，产品更新，生活节奏紧张，这一切必然导致产品质量观的变化。人们将会更加重视方便、舒适、可靠、价值、安全和效率等方面的评价，作为边缘学科的人机工程学的发展和应用，也必会将工业设计水准提到人们所追求的高度。

人机工程学在工业设计中的应用还有一个量的问题。它在有些产品中的应用要多一些，在另一些产品中的应用要相对少一些。有些产品中的人机工程学应用相对简单，不需要进行复杂的人机工程学研究，而有些产品则需要进行比较复杂的人机工程学研究，如飞机的驾驶舱、列车的司机室等。

7.2.2　人体尺寸百分位数

基于人机工程学理论进行地铁车辆客室座椅设计，其设计的最重要依据，就是人体尺寸百分位数。地铁车辆内装设计的依据是人体各部位的测量数据、各种心理学和生理学的一些规则和标准等，而人体测量数据又是内装部件设计最主要的依据。人体测量的数据常以百分位数 P_K 作为一种位置指标、一个界值。设计中最常用的是 P_5、P_{50} 和 P_{95} 三种百分位数。第 5 百分位数（P_5）代表"小"身材，表示有 5% 的人群身材小于此值，而有 95% 的人身材大于此尺寸；第 50 百分位数（P_{50}）表示"中"身材，指大于和小于此人群身材的各占 50%；第 95 百分位数（P_{95}）代表"大"身材，是指有 95% 的人群身材尺寸小于此值，而有 5% 的人群身材尺寸大于此值。此外，对于涉及人身安全的产品的设计，还经常采用第 1 百分位数和第 99 百分位数。

在地铁车辆内装的零部件的设计过程当中，当需要得到任一百分位数 a 对应的数值 X_a 时，可以按照式（7-1）进行计算，其中系数 K，可以参照表 7-1 选取。

$$X_a = X \pm S_D K \tag{7-1}$$

其中，X 为均值，单位：mm；S_D 为标准差；K 为百分比变换系数。

当求 1%～50% 之间的百分位数时，式（7-1）取"-"；当求 50%～99% 之间的百分位数时，式 7-1 中取"+"。表 7-2 列出了我国各地区人口的体重、身高、胸围的平均值和标准差。进行设计时，参照表中数据，依式（7-1）进行计算，求取任意百分比的人体数据。

表 7-1　百分比与变换系数 K

百分比/%	K	百分比/%	K	百分比/%	K
0.5	2.576	25	0.674	90	1.282
1.0	2.326	30	0.524	95	1.645

续表

百分比/%	K	百分比/%	K	百分比/%	K
2.5	1.960	50	0.000	97.5	1.960
5	1.645	70	0.524	99	2.326
10	1.282	75	0.674	99.5	2.576
15	1.036	80	0.842	—	—
20	0.842	85	1.036	—	—

表 7-2　身高、胸围、体重平均值及标准差

项目		东北、华北区		西北区		东南区		华中区		华南区		西南区	
		平均值 X	标准差 S_D	平均值 X	标准差 S_D	平均值 X	标准差 S_D	平均值 X	标准差 S_D	平均值 X	标准差 S_D	平均值 X	标准差 S_D
体重/kg	男	64	8.2	60	7.6	59	7.7	57	6.9	56	6.9	55	6.8
	女	55	7.7	52	7.1	51	7.1	50	6.8	49	6.5	50	6.9
身高/mm	男	1 669	56.3	1 684	53.7	1 686	55.2	1 669	56.3	1 650	57	1 647	56.7
	女	1 560	51.8	1 575	51.9	1 575	50.8	1 560	50.7	1 549	49.7	1 546	53.9
胸围/mm	男	888	55.5	880	51.5	865	52.0	853	49.2	851	48.9	855	48.3
	女	848	66.4	837	55.9	831	59.8	820	55.8	819	57.6	809	58.8

　　地铁车辆内部空间应该尽可能地满足绝大多数的乘客的需求，在人体数据百分位的选取应该遵循适当的原则，在不涉及乘客健康和安全时，选用适当偏离极端百分位的第 5 百分位数和第 95 百分位数作为界限值较为合适，而当身体尺寸在界限以外的乘客使用会危害其健康或者增加事故危险时，其尺寸界限就应该考虑第 1 百分位和第 99 百分位，从而保证几乎所有人使用安全、方便。

　　由于人体尺寸随着年代变化而发生变化，而且呈代代增高的现象，因此在使用人体尺寸时必须考虑测量年代，进行必要的修正。

　　尺寸的选取除了要遵循以上原则外，还应考虑适当的功能修正量和心理修正量。地铁车辆内装饰部件尺寸的最终确定可以表示如下：

部件最佳设计尺寸 = 人体尺寸百分位数 + 功能修正量 + 心理修正量

　　功能修正量是指人体在不同着装和姿态时的尺寸修正量；心理修正量是指为了克服人们在乘车时心理上产生的"空间压抑感"等心理感受，而在产品设计尺寸上增加的修正量。

7.2.3　地铁车辆座椅尺寸选取与设计

　　根据乘客们的乘坐体验反映，在地铁客室的各部分设备中，最能影响人体舒适性和安全性的，还是符合人机工程学的地铁车辆座椅。因此，需要对座椅的设计予以重视。目前，在人口较为密集的城市，大多数地铁为了节省空间，都没有给座椅设置扶手。所以，这里仅对无扶手式座椅进行设计研究。

　　地铁座椅尺寸配置的基本指标为座高、座深、座宽和靠背倾角，由于我国在地铁设计

规范中并没有地铁客室座椅尺寸设置的相关标准和规范，在此参考了其他交通座椅国家标准的参数，如表 7-3 所示，参考标准 1 为 QC/T 633—2009《客车座椅》、标准 2 为 TB/T 3263—2011《动车组乘客座椅》、标准 3 为 TB/T 3263—2011《动车司机座椅》。

表 7-3　座椅基本指标的相关设置参数

座椅指标	标准 1	标准 2	标准 3
座高/mm	400～460	380～450	440～540
座深/mm	≥358	≥360	400～500
座宽/mm	≥380	≥420	≥440
靠背倾角/(°)	95～105	—	80～135

另外，在确定座椅尺寸时要考虑照顾大多数人为原则来选取合适的百分位数。座椅的设计主要涉及的人体坐姿尺寸如图 7-3 和图 7-4 所示，详细说明如下。

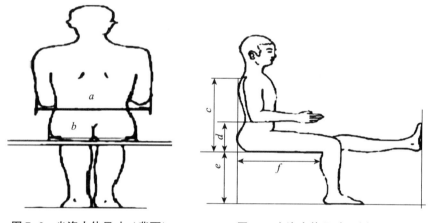

图 7-3　坐姿人体尺寸（背面）　　　图 7-4　坐姿人体尺寸（侧面）

（1）坐姿两肘间宽 a：用以确定座椅两扶手间的宽度、无扶手座椅的宽度及人体对座椅宽度的空间感。由于考虑到间距问题，可采用第 95 百分位数。主要用以确定成排相邻放置的座椅。

（2）臀部宽度 b：用以设计座椅面的最低宽度。如果采用的百分位数较小，将使臀部宽大的人无法就座。此数值考虑采用女性第 95 百分位数值，主要是用来设计单人使用的座椅，如司机室座椅等。

（3）坐姿肩高 c：用以确定无头靠座椅的靠背的最大高度。由于涉及间距问题可以采用第 95 百分位，在设计座椅靠背时，要结合人体脊柱结构和人体背部曲线进行考虑，座椅靠背应在人体的腰椎部提供两点支撑。通过生理学的分析可以知道，第 5、6 胸椎高度相当于肩胛骨的高度，肩胛骨面积大，可以承受较大压力，所以座椅的第一支承应该位于第 5、6 胸椎之间，称其为肩靠；第二支承应该设置在第 4、5 腰椎的高度上，称其为腰靠。国内大多数地铁车辆座椅由于车厢尺寸限制，均未考虑肩靠，只考虑了腰靠。

（4）坐姿肘高 d：用以确定带扶手的座椅的扶手距离座面的高度。由于肘部在扶手上休息时，不涉及伸手取物问题，因此采用平均原则，也就是采用第 50 百分位是合理的。

（5）小腿加足高 e：用以确定座椅面的高度，尤其是确定座椅前缘的最大高度。应该选用女子第 5 百分位数，因为如果座椅太高，人大腿受的压力过大，使人感觉不舒服。椅子的高度能适应小个子的人，也要能适应高个子的人。此尺寸还要考虑坐垫的弹性以及不同地区温度差异，此外还要考虑相应的功能修正量。

（6）坐深 f：用以确定座椅的深度。应该采用第 5 百分位，这样能适应最多的使用者，如果采用第 95 百分位，则坐深比此尺寸短的人，将无法适应此尺寸。

结合上述数据选取原则及座椅设计所涉及的人体尺寸，选取相应的人体百分位数，进行地铁车辆无扶手双人座椅的设计，另外在尺寸选取时，需考虑我国整体的人体测量数据。表 7-4～表 7-7 为我国不同年龄段、不同人体部位的百分位数。

表 7-4　成年人体第 95 百分位坐姿臀宽　　　　　　　　　单位：mm

性别	第 95 百分位坐姿臀宽			
	18～60 岁	18～25 岁	26～35 岁	36～60 岁
男	355	345	351	361
女	382	368	381	390

表 7-5　成年人体第 95 百分位坐姿两肘间宽　　　　　　　　单位：mm

性别	第 95 百分位坐姿两肘间宽			
	18～60 岁	18～25 岁	26～35 岁	36～60 岁
男	489	467	485	499
女	478	439	469	496

表 7-6　成年人体第 5 百分位小腿加足高　　　　　　　　　单位：mm

性别	第 5 百分位小腿加足高			
	18～60 岁	18～25 岁	26～35 岁	36～60 岁
男	383	386	384	386
女	342	346	345	338

表 7-7　成年人体第 5 百分位坐深　　　　　　　　　　　单位：mm

性别	第 5 百分位坐深			
	18～60 岁	18～25 岁	26～35 岁	36～60 岁
男	421	423	421	420
女	401	401	403	400

按照人机工程学的参考数值，坐宽一般取在 430～450 mm 之间，其最大宽度要以坐姿两肘间宽为设计尺寸依据。第 5 百分位坐姿人体尺寸坐深取 421 mm，坐姿肩高取 557 mm。综合考虑各种因素，所设计的该双人座椅宽度取 900 mm，座椅长度取 515 mm，座椅高度取 510 mm。通过 CATIA 的"草图绘制"命令，画出座椅模型的断面尺寸图，如图 7-5 所示。

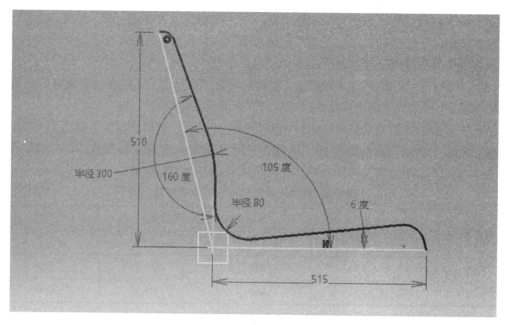

图 7-5　座椅模型断面尺寸图

　　该座椅设计的靠背为无头靠式靠背，为了符合人体脊背正常的生理曲线，座椅高度设计为 510 mm，靠背的高度设计为 268 mm，这样能够达到支撑人体的最佳效果，另外靠背与座椅面的夹角在 105°左右能够达到最舒适的效果。

7.3　地铁双人座椅设计与建模

7.3.1　地铁座椅建模步骤

　　（1）打开 CATIA 软件，选择"开始"→"机械设计"→"零件设计模块"，拉出相应的工具栏，零件设计界面如图 7-6 所示。

图 7-6　零件设计界面

　　（2）单击工具栏中的"草图绘制"命令，选择 xy 平面，进入草图编辑界面，使用

"轮廓线"命令和"尺寸约束"命令画出座椅断面图大致轮廓,如图 7-7 所示。

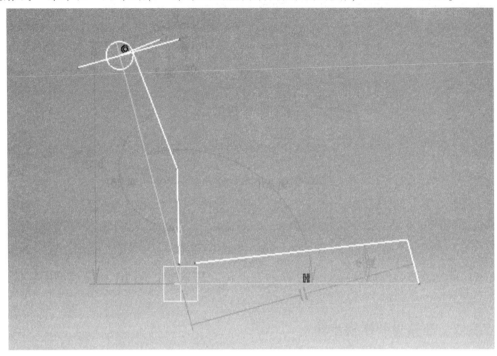

图 7-7　草图轮廓

(3) 使用"圆角"命令处理好草图轮廓的各个边角,然后使用"快速修剪"命令将多余的辅助线去除,得到完整的座椅断面尺寸草图,如图 7-8 所示。

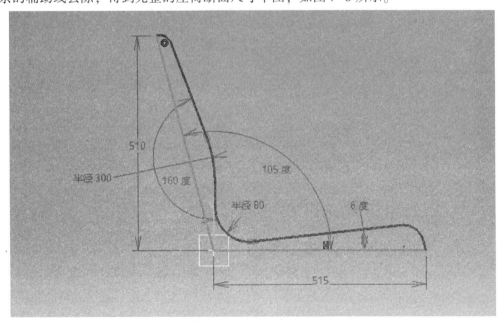

图 7-8　完整的座椅断面尺寸草图

(4) 退出草图绘制界面,使用"凸台"命令,将绘制好的断面尺寸草图拉伸 930 mm,处理好细节后得到的实体如图 7-9 所示。

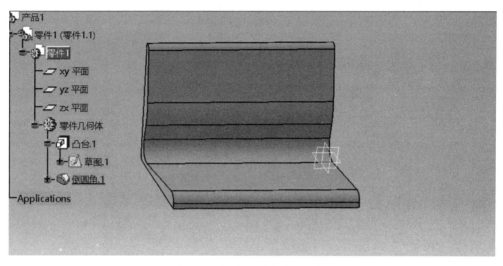

图 7-9　拉伸后的座椅面实体

（5）反复检查数据以及操作的过程是否正确，若全部正确则座椅面模型的建模就完成了。

7.3.2　座椅骨架建模步骤

（1）单击工具栏中的"草图绘制"命令，选择 xy 平面进入草图绘制界面，使用"轮廓"命令和"尺寸约束"命令，绘制出座椅骨架的截面草图，如图 7-10 所示。

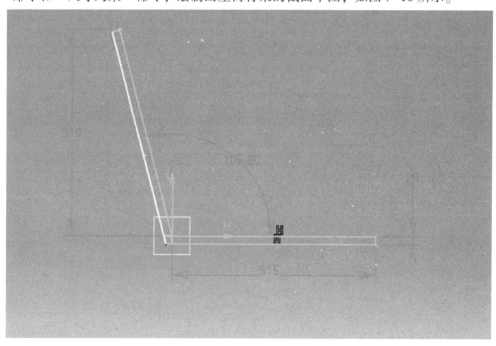

图 7-10　座椅骨架截面草图

（2）退出草图绘制界面，使用"凸台"命令将绘制好的草图拉伸 30 mm，再使用"倒圆角"命令处理好细节，得到的实体如图 7-11 所示。

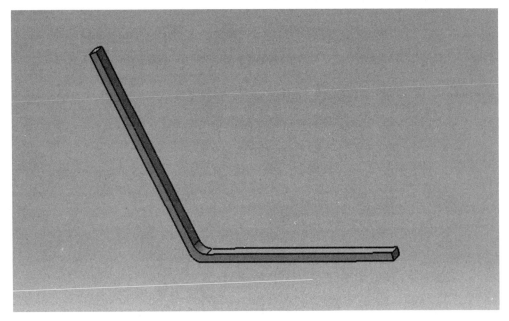

图 7-11　拉伸后的实体

（3）单击"矩形阵列"命令，选择当前实体，"实例"键入 3，"间距"键入 450 mm，参考元素为 xy 平面，单击"确定"按钮，得到的阵列后的实体如图 7-12 所示。

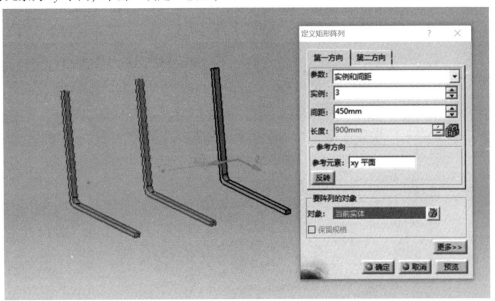

图 7-12　列阵后的实体

（4）选择左边骨架的侧面所在的平面进入草图绘制界面，在骨架表面的 3 个位置分别绘制 3 个边长为 20 mm 的正方形，如图 7-13 所示。

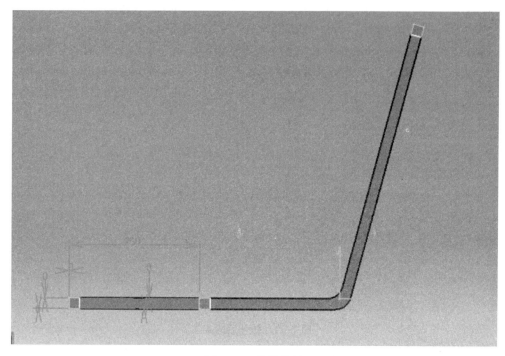

图 7-13　草图绘制

（5）退出草图绘制界面，使用"凸台"命令将绘制好的草图拉伸 900 mm，得到的实体如图 7-14 所示。

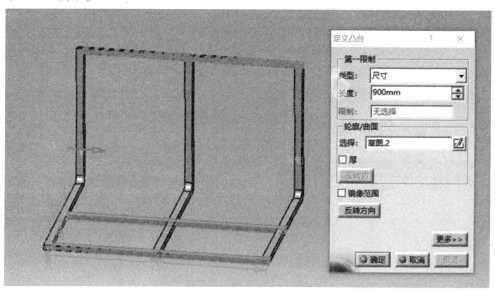

图 7-14　拉伸后的实体

（6）选择左边骨架的侧面所在的面进入草图绘制界面，使用"轮廓"和"尺寸约束"命令绘制支架草图，如图 7-15 所示。

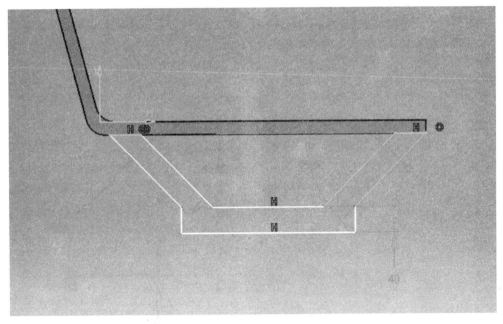

图 7-15　绘制支架草图

（7）退出草图绘制界面，使用"凸台"命令将画好的草图拉伸 30 mm，得到的实体如图 7-16 所示。

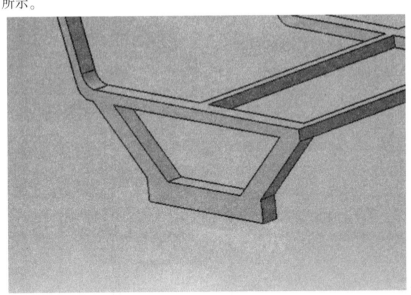

图 7-16　拉伸后的支架实体

（8）选择第二根骨架侧面所在的平面进入草图绘制界面，绘制与图 7-15 相同的草图，并使用"凸台"命令将草图拉伸 30 mm，得到的实体如图 7-17 所示。重复同样的操作，在第三根骨架侧面所在平面绘制与图 7-15 同样的草图，并拉伸 30 mm，得到的实体如图 7-18 所示。

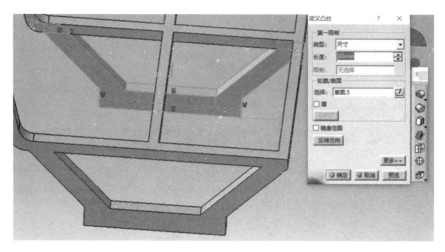

图 7-17　拉伸后的实体（1）

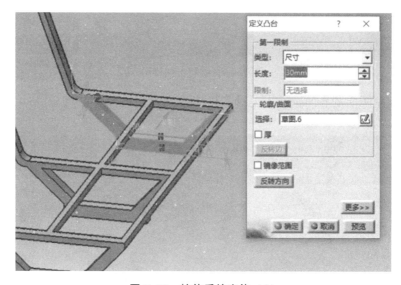

图 7-18　拉伸后的实体（2）

（9）选择支架底面再次进入草图绘制界面，分别在第一和第三个支架底面绘制一个与底面等长、宽为 9 mm 的矩形，如图 7-19 所示。

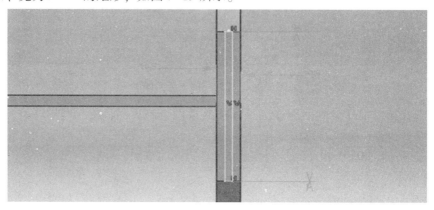

图 7-19　草图绘制

（10）退出草图绘制界面，使用"凸台"命令将绘制好的矩形草图拉伸 60 mm，得到的实体如图 7-20 所示。

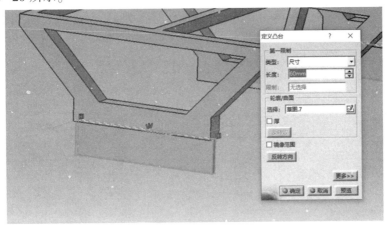

图 7-20　拉伸后的实体

（11）选择支架侧面所在的平面进入草图绘制界面，绘制一个长×宽＝40 mm×30 mm 的矩形，如图 7-21 所示。退出草图绘制界面，将绘制好的矩形草图拉伸 900 mm，得到的实体如图 7-22 所示。

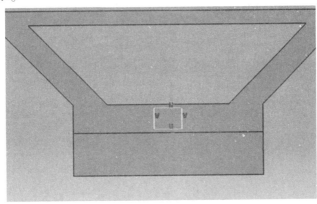

图 7-21　草图绘制

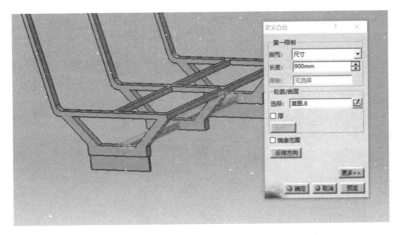

图 7-22　拉伸后的实体

（12）选择支架板侧面进入草图绘制界面，绘制两个直径为 10 mm 的圆，如图 7-23 所示。然后使用"凹槽"命令在支架板上打螺栓孔，孔直径为 10 mm，如图 7-24 所示。

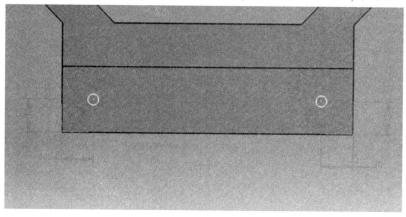

图 7-23　圆孔草图绘制

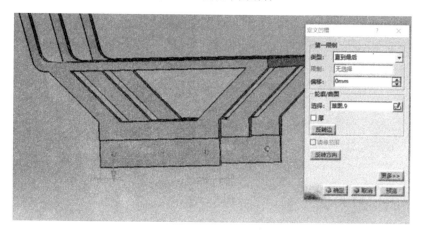

图 7-24　使用"凹槽"命令打孔

（13）模型大致建好后，使用"倒角"命令对各个边角进行处理，再使用"孔"命令在骨架上打直径为 10 mm 的螺栓孔，处理好细节后得到完整的座椅骨架模型，如图 7-25 所示。

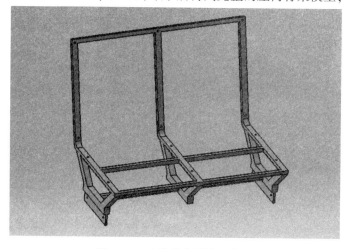

图 7-25　完整的座椅骨架模型

（14）反复检查数据以及操作的过程是否正确，若全部正确，则座椅骨架模型的建模就完成了。

7.3.3　座椅脚架建模步骤

（1）选择 *xy* 平面进入草图绘制界面，使用"轮廓"命令和"尺寸约束"命令绘制座椅脚架模型草图，如图 7-26 所示。

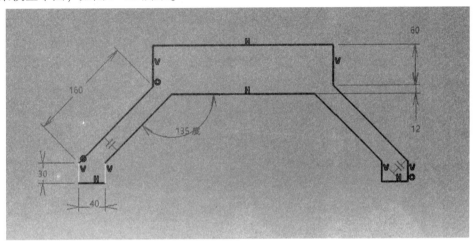

图 7-26　绘制座椅脚架模型草图

（2）退出草图绘制界面，使用"凸台"命令将绘制好的草图拉伸 30 mm，得到的实体如图 7-27 所示。

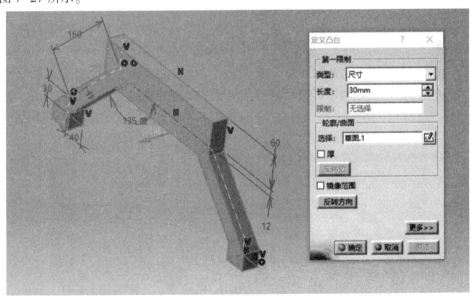

图 7-27　拉伸后的脚架实体

（3）选择脚架顶部所在的面进入草图绘制界面，使用"矩形"命令和"尺寸约束"命令绘制一个与脚架顶部等长、宽度为 10 mm 的矩形，如图 7-28 所示。退出草图绘制界面，使用"凹槽"命令挖去一个深 60 mm 的矩形凹槽，如图 7-29 所示。

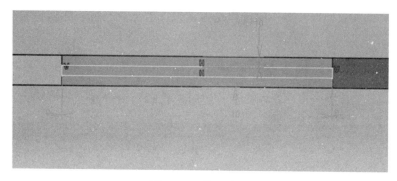

图 7-28　草图绘制

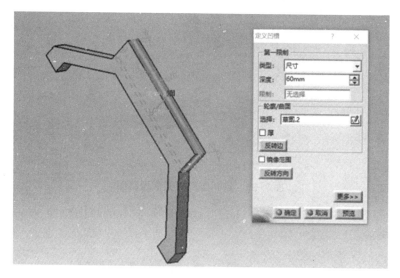

图 7-29　挖凹槽

（4）选择脚架侧面进入草图绘制界面，使用"圆"命令和"尺寸约束"命令绘制两个直径为 10 mm 的圆。退出草图绘制界面，使用"凹槽"命令打出两个螺栓孔，孔直径为 10 mm，如图 7-30 所示。

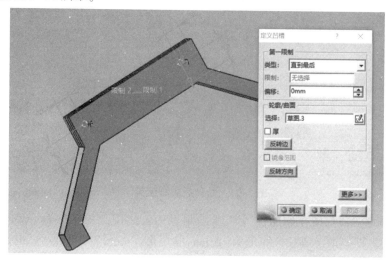

图 7-30　打螺栓孔

（5）选择脚架的两个底面所在的平面进入草图绘制界面，分别绘制两个长×宽 = 60 mm×80 mm 的矩形，如图 7-31 所示。退出草图绘制界面，使用"凸台"命令将绘制好的矩形草图拉伸 5 mm，得到的实体如图 7-32 所示。

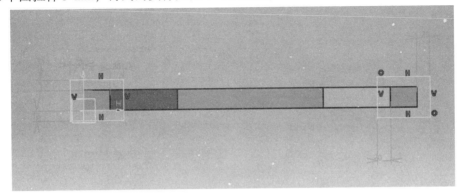

图 7-31 草图绘制

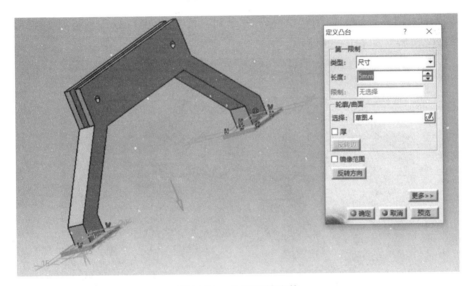

图 7-32 拉伸后的实体

（6）选择脚架底座底面进入草图绘制界面，绘制 4 个半径为 5 mm 的圆，如图 7-33 所示。使用"凹槽"命令在脚架底座上打螺栓孔，孔直径为 10 mm，如图 7-34 所示。

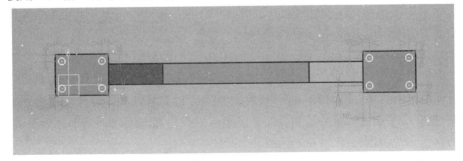

图 7-33 草图绘制

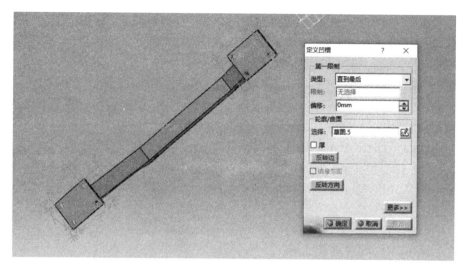

图 7-34　打螺栓孔

（7）模型大致建好后，使用"倒角"命令对各个边角进行处理，处理好细节后得到完整的座脚架模型，如图 7-35 所示。

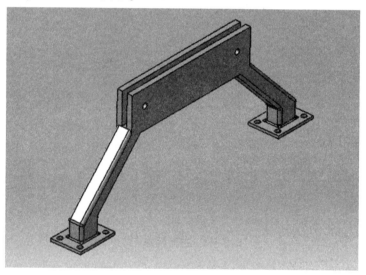

图 7-35　完整的座椅脚架模型

（8）重复上述步骤，建立另一个脚架模型。反复检查数据以及操作的过程是否正确，若全部正确，则座椅脚架模型的建模就完成了。

7.3.4　螺栓螺母的画法

本设计中使用的是直径为 10 mm，长度为 50 mm 的螺栓结构，设计步骤如下。

（1）选择 xy 平面进入草图绘制界面，以坐标原点为圆心绘制一个半径为 5 mm 的圆，使用"凸台"命令将圆拉伸 50 mm 得到一个圆柱。

（2）选择圆柱的一个底面再次进入草图绘制界面，以坐标原点为圆心绘制一个半径为 9 mm 圆；再使用"约束"命令将圆划分为 6 个等分，得到的草图如图 7-36 所示；使用"快速修剪"命令去除多余的线条得到一个边长为 9 mm 的正六边形。

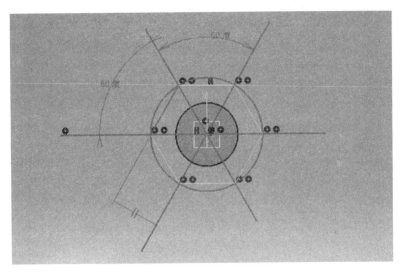

图 7-36　草图绘制

（3）使用"凸台"命令将绘制的草图拉伸 9 mm，并使用"倒角"命令修饰得到的螺栓模型，如图 7-37 所示。

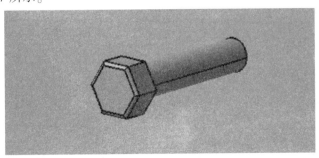

图 7-37　螺栓模型

（4）重复上述步骤定义一个半径为 5 mm 的圆和一个边长为 9 mm 的正六边形，如图 7-38 所示。使用"凸台"命令将草图拉伸 9 mm，得到的螺母如图 7-39 所示。

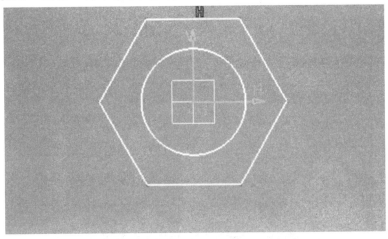

图 7-38　草图绘制

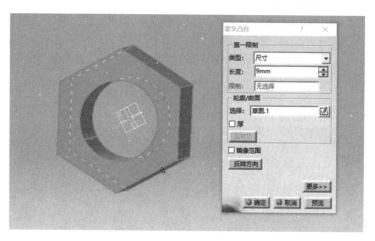

图 7-39 拉伸后的螺母

7.3.5 双人地铁座椅装配

（1）选择"开始"→"机械设计"→"装配设计模块"，插入已经画好的座椅面、座椅骨架、座椅脚架模型，如图 7-40 所示。

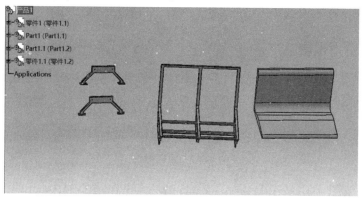

图 7-40 插入座椅零部件模型

（2）使用"相合"命令将座椅骨架和座椅脚架螺栓孔对齐，再使用"面接触"命令将它们装配到一起，如图 7-41 所示。

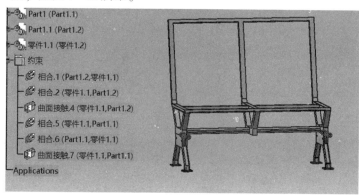

图 7-41 装配座椅骨架和座椅脚架

（3）使用"偏移"命令和"面接触"命令将座椅面和骨架装配到一起，再插入螺栓螺母，得到装配好的双人座椅模型，如图 7-42 所示。

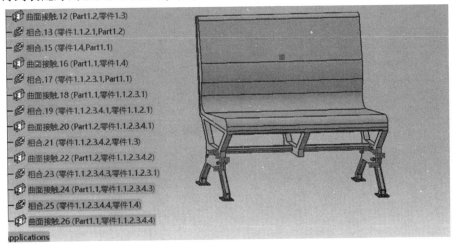

图 7-42　装配好的双人座椅模型

7.4　座椅舒适度评价

座椅模型建好后，为满足乘客乘坐舒适度的需求，需要利用 CATIA 中人机工程学分析模块对建好的座椅模型进行舒适度评估。

7.4.1　建立假人模型

完成座椅设计后，接下来在座椅模型中置入假人。打开 CATIA 软件，选择"开始"中的"人机工程学设计与分析模块"，单击进入 Human Builder 模块。进入该模块后单击"插入"，选择现有部件导入之前已经画好的双人座椅模型，导入模型后的界面如图 7-43 所示。然后单击右方命令栏中的 Inserts a New Manikin 命令置入人体模型，在该模块中一共提供了 7 种不同的人体模型，分别有美国、加拿大、法国、日本、韩国、德国和中国，我们选择中国人体模型，性别选择男性，人体百分位键入 95，具体如图 7-44 所示，新建的人体模型如图 7-45 所示。

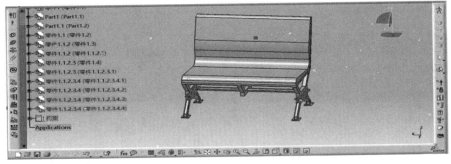

图 7-43　导入模型后的界面

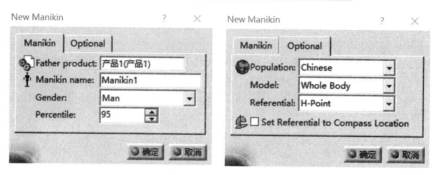

图 7-44　选择人体参数

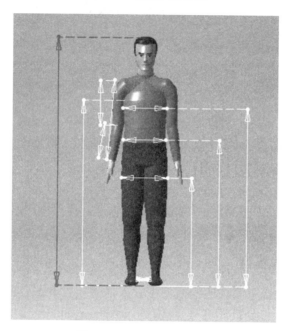

图 7-45　新建的人体模型

导入好人体模型后，在"开始"的"人机工程学设计与分析模块"中将 Human Builder 模块更改为 Human Activity Analysis 模块。通过 Variable List 中的 Sitting 命令将人体模型改为坐姿模式，如图 7-46 所示。

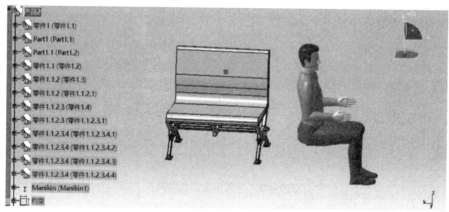

图 7-46　人体模型坐姿模式

此时人体模型并没有坐在座椅上，我们需要对其位置进行修改，以便于分析。所以，可以通过右边命令栏中的 Place Mode 命令将人体模型定位在座椅上，如图 7-47 所示。再通过工具栏中的 Posture Editor 命令活动假人四肢，使人体与椅面完全贴合，定位后的人体模型如图 7-48 所示。

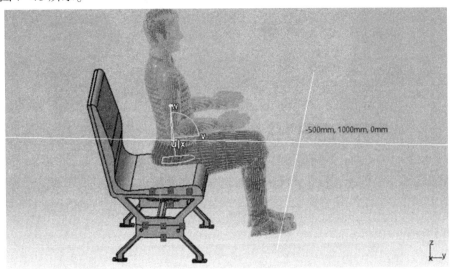

图 7-47　调节假人位置

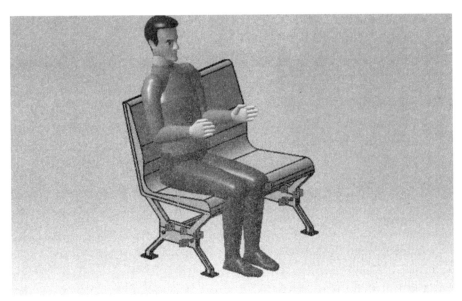

图 7-48　定位后的人体模型

再次进入 Human Builder 模块，利用右边工具栏中的 Inserts a New Manikin 命令置入人体模型，建立一个人体百分位为 5 的女性人体模型，将人体姿势设置为坐姿，如图 7-49 所示。

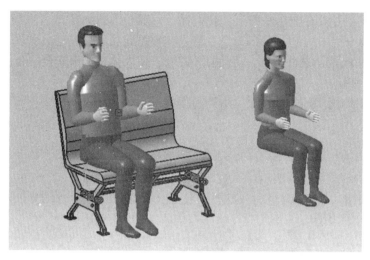

图 7-49　建立女性人体模型

重复上述步骤将女性人体模型进行定位，与男性人体模型并排坐在座椅上，置入两个假人后的座椅模型如图 7-50 所示。

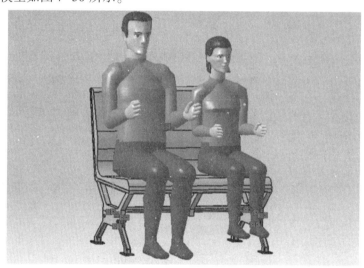

图 7-50　置入两个假人后的座椅模型

7.4.2　舒适度评价分析

双击假人模型，进入人体模型姿势分析模式，根据合理的人体各部位舒适角度建立假人模型的首选角度，并对合理的角度划分区域，如表 7-8 所示；人体关节活动范围如图 7-51 所示。

表 7-8　人体主要关节活动范围

关节	身体部位	活动方式	最大角度/(°)	最大活动范围/(°)	坐姿舒适调节范围/(°)
颈关节	头至躯干	低头、仰头	-35 ~ 40	75	-25 ~ 12
髋关节	大腿至髋关节	前弯、后弯	-15 ~ 120	135	85 ~ 100
膝关节	大腿至小腿	前摆、后摆	-135 ~ 0	135	-120 ~ -95

续表

关节	身体部位	活动方式	最大角度/(°)	最大活动范围/(°)	坐姿舒适调节范围/(°)
肩关节	上臂至躯干	外摆、内摆	−30 ~ 180	210	0
		上摆、下摆	−45 ~ 180	225	15 ~ 35
		前摆、后摆	−40 ~ 140	180	40 ~ 90
肘关节	下臂至上臂	弯曲、伸展	0 ~ 145	145	85 ~ 110

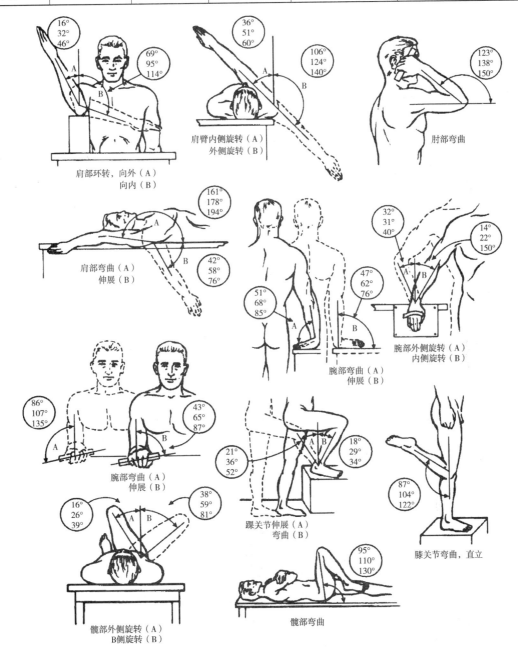

图 7-51　人体关节活动范围

基于 CATIA 的模块对关键关节进行多个自由度的首选角度编辑，双击人体模型，利用右边命令栏中的 Edits the Angular Limitations and the Preferred Angles 命令来进行设置，如图 7-52 所示。其中，右击 Add 可添加划分的区域，Color 可添加区域内的颜色，Score 可对各角度区域对应的舒适度设置分值。

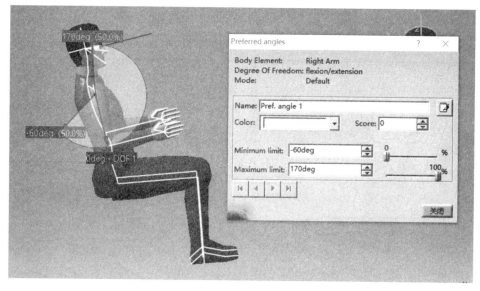

图 7-52　首选角度编辑

根据表 7-8 设置首选角度。其中，舒适角度范围显示为绿色，设置分值为 98 分；次舒适角度范围显示为蓝色，设置分值为 90 分；不舒适角度范围显示为黄色，设置分值为 70 分；非常难受角度范围显示为红色，设置分值为 60 分。双击人体模型进入模型编辑界面（见图 7-53），对人体模型进行首选角度设置，设置首选角度步骤如下。

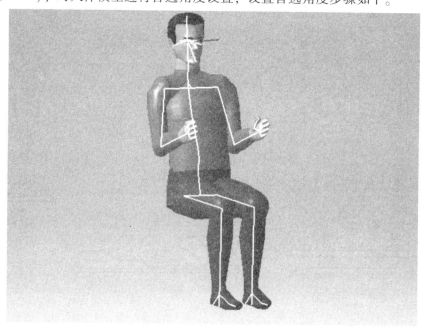

图 7-53　人体模型编辑界面

（1）对头部首选角度进行设定，单击头部设置角度界限，将角度界限分为 3 个区域，分别为 -20.446° ~ -2.014°、-2.014° ~ 15.671°、15.671° ~ 23.907°，如图 7-54 所示。

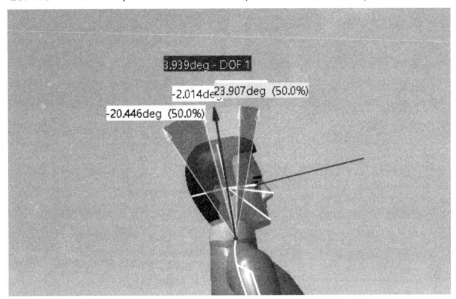

图 7-54　设置头部首选角度

（2）对上臂首选角度进行设置，单击上臂设置角度界限，将角度界限分为 5 个区域，分别为 -60° ~ -2.442°、-2.442° ~ 54.59°、54.59° ~ 84.716°、84.716° ~ 113.114°、113.114° ~ 170°，如图 7-55 所示。

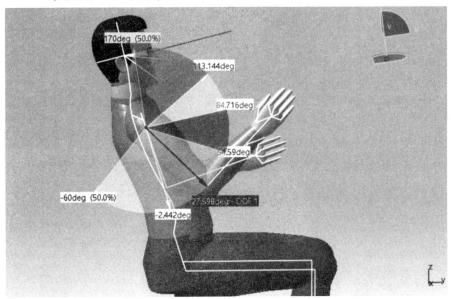

图 7-55　设置上臂首选角度

（3）对前臂首选角度进行设置，单击前臂设置角度界限，将角度界限分为 5 个区域，分别为 0 ~ 11.605°、11.605° ~ 57.384°、57.384° ~ 88.088°、88.088° ~ 104.178°、104.178° ~ 140°，如图 7-56 所示。

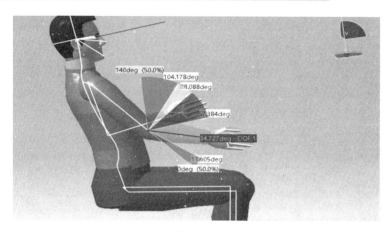

图 7-56 设置前臂首选角度

（4）对胸部首选角度进行设置，单击胸部设置角度界限，将角度界限分为 3 个区域，分别为-10.286°~3.949°、3.949°~9.557°、9.557°~14.873°，如图 7-57 所示。

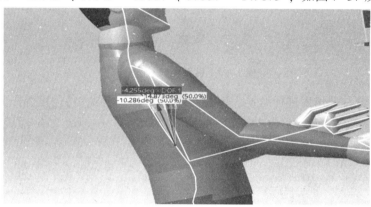

图 7-57 设置胸部首选角度

（5）对腿部首选角度进行设置，单击腿部设置角度界限，将角度界限分为 5 个区域，分别为 - 18° ~ 45.494°、45.494° ~ 77.66°、77.66° ~ 94.343°、94.343° ~ 99.886°、99.886°~113°，如图 7-58 所示。

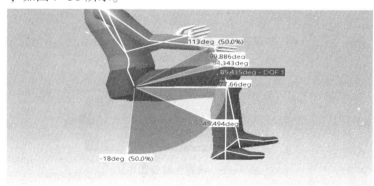

图 7-58 设置腿部首选角度

重复上述 5 个步骤，分别对女性人体模型的头部、上臂、前臂、胸部及腿部进行首选角度设置。单击姿态评估按钮，对各个关节的舒适度进行评分，依次得出 P_{95} 男性和 P_5 女性坐姿舒适度评估结果，如图 7-59、图 7-60 所示。通过人体模型姿态舒适度分析，显示该双人座椅的舒适值分别为 97.3% 和 95.5%，分析结果表明地铁双人座椅的设计符合人体舒适度要求，地铁客室座椅设计合理。

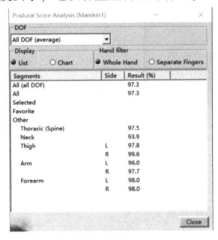

图 7-59　P_{95} 男性坐姿舒适度评价结果　　图 7-60　P_5 女性坐姿舒适度评价结果

7.5　座椅模型有限元分析

7.5.1　建立有限元模型

1. 导入座椅模型

先将 CATIA 建立好的三维模型更改为 model 格式，打开 ANSYS 软件选择 File→Import→CATIA，将双人座椅装配模型导入到 ANSYS 软件中，此时模型仅是以线条的模式存在。如图 7-61 所示，选择 PlotCtrls→Style→Solid Model Facets 命令，将导入后的模型变为实体，导入后的实体模型如图 7-62 所示。

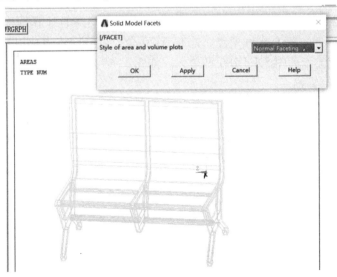

图 7-61　Solid Model Facets 命令

图7-62　导入后的实体模型

2. 单元类型的选择

在网格划分和生成节点之前，通常要选择单元类型，也就是所谓的指定分析对象的特征。单元类型对计算规模和计算结果将产生直接的影响，所以需要慎重地选取单元类型。由于本书选择的分析模型为实体，因此应该选择实体单元进行分析。ANSYS 中提供的实体单元较多，常用的实体单元有 Solid 45、Solid 92、Solid 186、Solid 187 单元。Solid 45 和 Solid 186 都是六面体单元可以归纳为第一类，其中 Solid 186 单元带有中间节点，Solid 45 没有，都可以退化为四面体和棱柱体，单元的主要功能基本相同，单元都支持塑性、超弹性、蠕变、大变形和大应变能力，还可以采用混合模式模拟几乎不可压缩和完全不可压缩弹性材料。Solid 92 和 Solid 187 都是带有中间节点的四面体单元，单元主要功能也基本相同。有限元前处理过程中，单元的选择要根据有限元分析模型的具体情况而定，对于同一个模型分别划分为六面体单元与四面体单元时，六面体单元的计算精度要高而且网格数量要少。因此，根据本书研究的模型特点，选择使用 3D 实体单元 Solid 186 进行有限元模拟分析。虽然地铁座椅模型很复杂，但是六面体单元具有较高的计算精度和较少的网格数量，而且 Solid 186 单元带有中间节点，总共有 20 个，就算网格退化以后，也能够保证计算精度，所以这里优先选用 Solid 186 型单元，如图 7-63 所示。

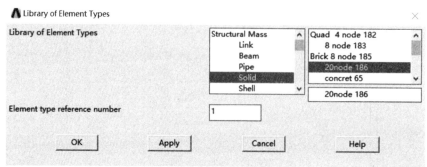

图7-63　设置单元类型

3. 定义材料属性

目前，大多数地铁座椅采用不锈钢材料，本次设计中也采用不锈钢材料进行分析。查阅相关手册可得不锈钢的弹性模量和泊松比，单击主菜单中的 Material Props→Material Model Number→Structural→Linear→Elastic→Isotropic 命令，键入弹性模量为 $1.93×10^5$ MPa，泊松比为 0.29，如图 7-64 所示。

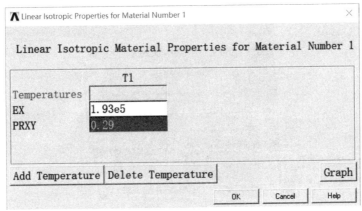

图 7-64　定义材料属性

4. 划分网格

在一个有限元分析过程中，网格划分是其不可分割的一部分。网格划分方法的选择，划分的好坏直接影响到后续计算结果的精度、收敛和求解速度。此外，网格划分所花费的时间往往占有限元分析总时间的大部分，因此，在一定程度上，网格工具越好、越智能化，越能得到好的分析结果和节约时间。ANSYS 中提供的 Smart Size 智能划分网格功能可以很好地解决网格划分和求解精度及时间之间的关系，在每一个工程仿真分析过程中都能确保良好的网格质量和较高的自动化程度。单击主菜单中的 Meshing→Mesh Tool，采用智能划分网格得到 330 345 个节点和 180 484 个单元。网格划分效果如图 7-65 所示。

图 7-65　网格划分效果

7.5.2　施加约束与载荷

考虑到双人地铁座椅的 4 个脚与地铁地面固定连接，所以在施加约束条件时对地铁座椅 4 个脚底面施加全约束，即约束 x 轴、y 轴、z 轴方向上的位移量均为 0，如图 7-66 所示。其次模拟人乘坐时的质量，对座椅模型施加均布载荷。该座椅为双人座椅，所以在施加载荷时按两个人的质量考虑，每个人的质量按 90 kg 计算，由于人在乘坐时面向地铁行驶的方向，再考虑到地铁的运动状态，座椅靠背会承受人体重力 1.5 倍的载荷，则施加在座椅面上的载荷为 1 800 N，施加在座椅靠背上的载荷为 2 700 N，换算成压强单位即施加在座椅面上的均布载荷为 4.89×10^{-3} MPa，施加在座椅靠背上的载荷为 1.385×10^{-2} MPa，如图 7-67 所示。

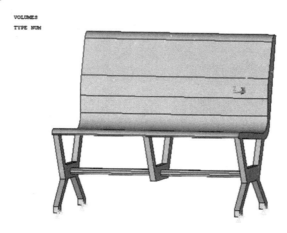

图 7-66　施加约束

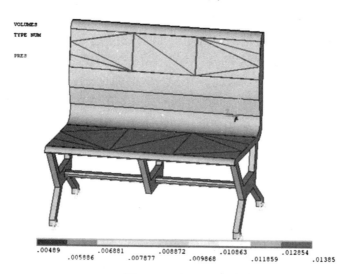

图 7-67　施加载荷

7.5.3　计算结果

完成上述一系列工作后，单击 Solution→Solve→Current LS 开始计算。通过 ANSYS 软件有限元分析计算后，单击 General Postproc→Plot Results 可查看座椅模型的位移云图和等效应力云图。图 7-68 为不锈钢座椅位移云图，其中变形主要发生在座椅靠背部位，从图中可以看出最大变形量为 2.759 76 mm。这是因为靠背后方无支撑点，在受到垂直载荷后座椅面和靠背连接处产生较大弯矩，使之容易发生变形。图 7-69 为不锈钢座椅局部等效应力云图，从图中可以看出座椅在受到载荷后，应力主要集中在座椅的腿部，这一部分几何形状不连续更容易产生集中应力，其中支撑架与底座的连接的关节处达到最大应力值为209.971 MPa，座椅面受到垂直载荷时，这部分更容易受到较大的弯矩。

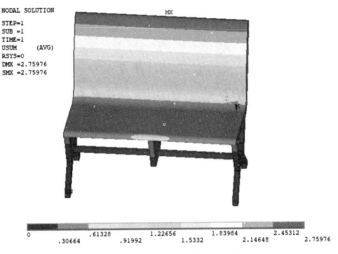

图 7-68　不锈钢座椅位移云图

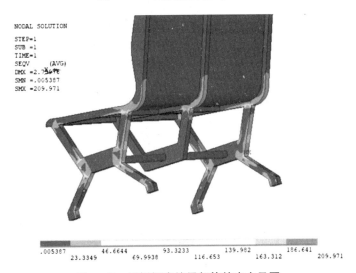

图 7-69　不锈钢座椅局部等效应力云图

　　为了满足城轨车辆轻量化设计的要求及降低加工成本，试将座椅材料更换成铝合金材料与上述不锈钢材料进行对比。重复上述步骤再一次对座椅模型进行有限元分析，键入弹性模量为 7×10^4 MPa，泊松比为0.33。经计算得到铝合金座椅的位移云图（见图7-70）和局部等效应力云图（见图7-71）。从图7-70中可以看出座椅模型最大变形量为7.561 42 mm，主要变形同样发生座椅靠背部位。对比不锈钢座椅，铝合金刚度较小更容易发生变形，但综合考虑座椅本身，这点变形量几乎可以忽略。从图7-71中可以看出最大应力达到204.488 MPa，同样座椅在受到载荷后应力主要集中在座椅腿部，相比于不锈钢座椅，铝合金座椅所承受的最大应力更小。

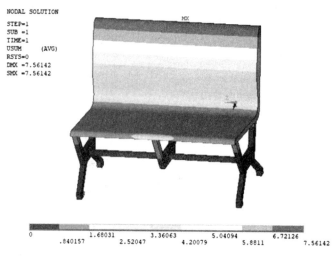

图7-70　铝合金座椅位移云图

图7-71　铝合金座椅局部等效应力云图

根据规定，座椅在受到载荷作用下，安全系数应大于标准规定的安全系数，即

$$S = \frac{R_e}{\sigma_c} \geqslant S_1 \tag{7-2}$$

式中，S 表示座椅的安全系数，R_e 表示座椅材料的许用应力，σ_c 表示座椅最大等效应力，S_1 表示标准规定的安全系数（一般取 1.15）。

由上述有限元分析计算出铝合金座椅最大等效应力为 204.488 MPa，不锈钢座椅最大等效应力为 209.971 MPa，将数据代入上述公式得到：$S_{铝合金}$ = 1.67>1.15，$S_{不锈钢}$ = 1.43>1.15。经计算发现两种材料的座椅均能满足标准规定的强度要求，但铝合金座椅的安全系数要高于不锈钢座椅。

7.6　模态分析

选择单元类型：依旧选择网格数量更少、计算精度更高的 Solid 186 单元类型，而且

Solid 186 单元带有中间节点，总共有 20 个，就算网格退化以后，也能够保证计算精度。

定义材料属性：选择主菜单中的 Material Props→Material Model Number→Structural→Linear→Elastic→Isotropic 命令，键入材料的弹性模量和泊松比，选择 Density 命令键入材料的密度。其中，铝合金与不锈钢的材料属性如表 7-9 所示。

表 7-9　铝合金与不锈钢的材料属性

材料	屈服应力/MPa	弹性模量/MPa	泊松比	密度/(kg·m⁻³)
铝合金	340	71	0.33	2 700
不锈钢	300	193	0.29	7 750

划分网格：依旧采用智能划分网格得到 330 345 个节点和 180 484 个单元。网格划分效果如图 7-72 所示。

图 7-72　网格划分效果

施加边界条件：考虑到双人地铁座椅的 4 个脚与地铁地面固定连接，所以在施加约束条件时对地铁座椅 4 个脚底面施加全约束，即约束 x 轴、y 轴、z 轴方向上的位移量均为 0，如图 7-73 所示。

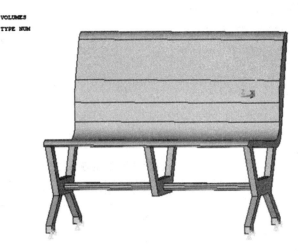

图 7-73　施加约束

单击 Solution→Analysis Type→New Analysis 命令，选择 Modal 选项，如图 7-74 所示。

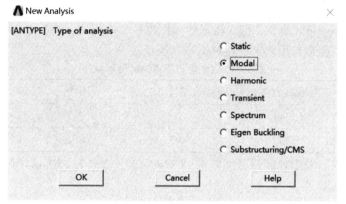

图 7-74 选择 Modal 选项

单击 Solution→Analysis Type→Analysis Options 命令，弹出 Modal Analysis 对话框，No. of modes to expand（拓展模态阶数）键入 12，如图 7-75 所示。单击 OK 按钮，弹出 Block Lanczos Method 窗口，键入频率范围为 0～200 Hz。经计算后，单击 Results Su mmary 命令可查看座椅前 12 阶固有频率，如表 7-10 所示。单击 Plot Results 命令可查看座椅 1～12 阶阵型图，如图 7-76～图 7-87 所示。

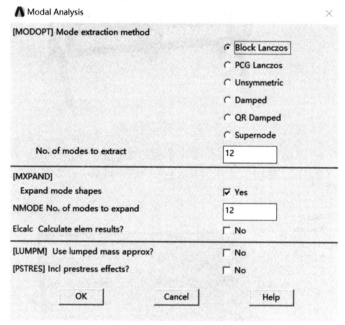

图 7-75 Modal Analysis 对话框

表 7-10 座椅模型振动固有频率

模态阶数	铝合金座椅固有频率/Hz	不锈钢座椅固有频率/Hz
1	0. 572 56	0. 558 25
2	0. 921 89	0. 900 40
3	2. 019 4	1. 982 1

续表

模态阶数	铝合金座椅固有频率/Hz	不锈钢座椅固有频率/Hz
4	2.801 0	2.733 0
5	3.470 1	3.385 3
6	4.882 0	4.771 9
7	5.522 9	5.410 3
8	7.057 3	6.930 8
9	8.788 5	8.564 0
10	8.892 5	8.691 9
11	11.365	11.059
12	12.241	11.954

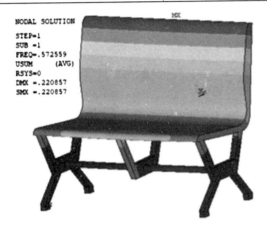

图 7-76　第 1 阶阵型图

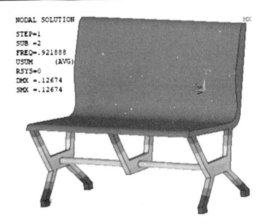

图 7-77　第 2 阶阵型图

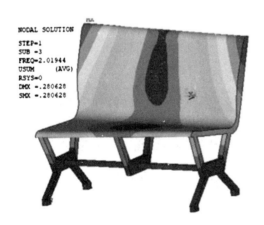

图 7-78　第 3 阶阵型图

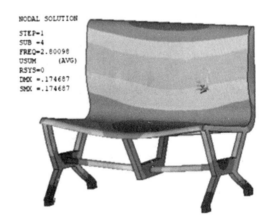

图 7-79　第 4 阶阵型图

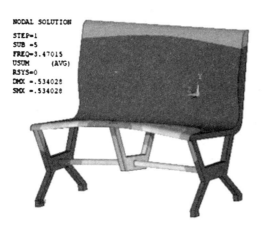

图 7-80　第 5 阶阵型图

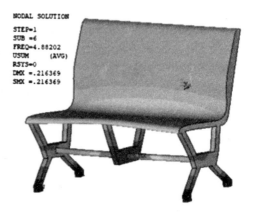

图 7-81　第 6 阶阵型图

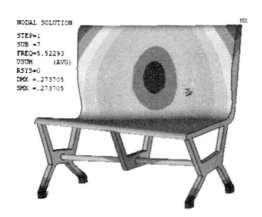

图 7-82　第 7 阶阵型图

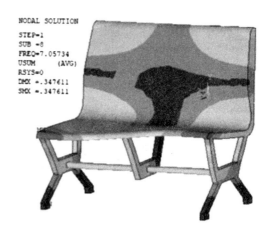

图 7-83　第 8 阶阵型图

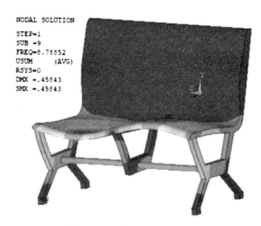

图 7-84　第 9 阶阵型图

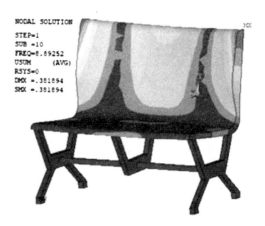

图 7-85　第 10 阶阵型图

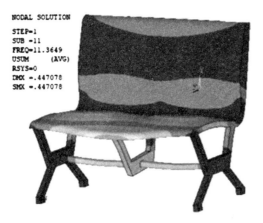

图 7-86　第 11 阶阵型图

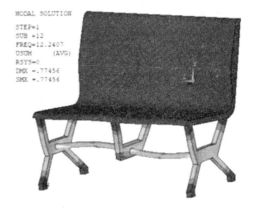

图 7-87　第 12 阶阵型图

　　由于振型受材料属性影响较小，受模型的形状结构影响较大，因此对于两种不同材料的座椅振型不作分开讨论。从图中可以看出 1 ~ 3 阶频率较低，座椅未发生明显的变形，最大振幅为 0.280 6 mm；第 4 阶座椅面略微向下凹陷，最大振幅为 0.174 7 mm；第 5 阶座椅面略微向上凸起，最大振幅为 0.534 mm；第 6 ~ 8 阶座椅面发生略微的曲折，最大振幅为 0.347 6 mm；第 9 阶椅面发生轻微的扭曲，最大振幅为 0.458 4 mm；第 10、11 阶椅面未发生明显变化，最大振幅为 0.447 1 mm；第 12 阶变形主要发生在座椅下横梁，最大振幅为 0.774 6 mm，而椅面未发生变化。考虑到人体感到舒适的振动频率竖直方向为 4 ~ 12.5 Hz，水平方向为 0.5 ~ 2 Hz，结合固有频率和振型图不难发现，地铁在行驶过程中振动频率在 0 ~ 12.5 Hz 时，与座椅所产生的共振不会使座椅发生较明显的变形。

7.7　小　结

　　地铁座椅作为地铁内饰中必不可少的设备，在设计过程中既要考虑安全性能，又要考虑乘客的生理机能，此外还需要考虑座椅材料的选择。本章利用人机工程学原理设计座椅参数，并通过有限元分析分别对铝合金座椅和不锈钢座椅进行强度校核。经过计算得出铝合金座椅安全系数更高，但两种座椅强度均能满足标准要求，另外综合考虑质量、耐腐蚀性等性能，铝合金可以作为座椅材料更好的选择。

　复习思考题　▶▶　▶

　　7-1　利用人机工程学方法给出地铁车辆内饰的扶杆和拉环设计。

　　7-2　请参考本章的地铁双人座椅设计实例，给出地铁车辆竖排六人座椅设计。

参 考 文 献

[1] 王伯铭. 城市轨道交通车辆工程 [M]. 成都：西南交通大学出版社，2009.

[2] 方宇. 城市轨道交通车辆概论 [M]. 北京：中国铁道出版社，2011.

[3] 冀雯宇，赵景波，杨启超. 城市轨道交通运用工程 [M]. 北京：机械工业出版社，2017.

[4] 李广军，倪志江. 城市轨道交通车辆构造 [M]. 成都：西南交通大学出版社，2021.

[5] 李宁洲，卫晓娟. 轨道交通机车车辆概论 [M]. 北京：机械工业出版社，2016.

[6] 丁莉芬. 机车车辆设计与装备 [M]. 北京：北京交通大学出版社，2013.

[7] 杨建伟，李欣，李强. 城市轨道交通车辆关键系统结构强度分析与计算 [M]. 北京：清华大学出版社，2021.

[8] 丁源，刘庆伟. CATIA V5 R21 中文版从入门到精通 [M]. 北京：清华大学出版社，2012.

[9] 李达，周鲁宁，陈峰. 地铁车辆车间电源供电方式在实际应用中问题的分析 [J]. 智能城市，2017，3（07）：34-35.

[10] 潘小雨. 基于有限元分析的地铁座椅结构优化设计及其实验研究 [D]. 武汉：武汉工程大学，2014.

[11] 王立国. 地铁车辆内装设计关键技术研究 [D]. 大连：大连交通大学，2010.